CHANTAL SANDJON

ROHKOST FÜR EINSTEIGER

THEORIE

PRAXIS

SERVICE

CHANTAL SANDJON

ist Ernährungswissenschaftlerin
und Rohkost-Enthusiastin

»Tue deinem Körper Gutes, damit deine Seele Lust hat, darin zu wohnen.«

TERESA VON AVILA

EIN WORT VORAB

Rohkost – woran denken Sie bei diesem Begriff als Erstes? Hoffentlich nicht an fades Gemüse und Enthaltsamkeit! Denn Rohkost ist so viel mehr als nur Salat und vor allem kein Leben nach Dogmen.
Die heutige Rohkost, die ich Ihnen in diesem Buch vorstellen möchte, steht für eine gesunde und frische Ernährungsweise voller Spaß an gutem Essen. Sie verbindet Lebensfreude und Genuss auf eine ganz eigene Art und Weise. Denn hier steht weder der Verzicht im Vordergrund noch das Verteufeln von gekochter Nahrung. Nein, hier geht es um einen Lifestyle, der Ihnen ein Maximum an Vitalstoffen liefert, an Energie, Wohlbefinden und Vielfalt. Vielfalt an Lebensmitteln, die den Körper nähren. Vielfalt an Zubereitungsmethoden fernab vom Herd. Und Vielfalt an individuellen Gestaltungsmöglichkeiten.
So bereichert Rohkost jeden Speiseplan und jede Küche. Sie selbst auszuprobieren, lohnt sich also – und genau dazu lädt Sie dieses Buch auch ein. Mit Infos, Fakten, Zahlen, Anregungen und natürlich mit vielen schmackhaften Rezepten möchte es Ihnen Ihr persönliches Rohkost-Abenteuer ans Herz legen. Dabei ist es gar nicht notwendig, dass Sie von null auf hundert ins rohe Lager wechseln. Nur etwas Neugier und Lust auf mehr Frische brauchen Sie vorab.

Schön, dass Sie mit mir die große Welt der Rohköstlichkeiten entdecken möchten.
Auf Freude und Vielfalt, Ihre

ROHKOST: VIELFALT ENTDECKEN

DIE ERNÄHRUNG MIT ROHEN FRÜCHTEN UND PFLANZEN IST SO ALT WIE DIE MENSCHHEIT SELBST. ENTDECKEN SIE, WIE SIE AUCH HEUTE IHREN POSITIVEN EFFEKT AUF GESUNDHEIT UND WOHLBEFINDEN MIT KULINARISCHER ABWECHSLUNG UND KREATIVITÄT IN DER KÜCHE VERBINDEN KÖNNEN.

PFLANZENKRAFT FÜR ALLE

Rohkost, das klingt für viele nach Möhrensticks und Sellerie. Doch in Wirklichkeit verbirgt sich hinter diesem Begriff eine Vielfalt an Zutaten, Zubereitungsmöglichkeiten und Geschmackserlebnissen. Deshalb wird Rohkost von Kennern auch gern als Vitalkost bezeichnet. Es ist nämlich eine Ernährungsform, die das Wort »Leben« (»Vita«) in »Lebensmittel« betont und sich auf die vielfältigen Nahrungsmittel konzentriert, die vor Lebensenergie nur so strotzen. Die neue Rohkost, die Sie in diesem Buch kennenlernen, besteht deswegen primär aus pflanzlichen Zutaten, denn Milch, Fleisch und Co. benötigen viel Energie zur Verdauung und sie übersäuern unseren Körper, was uns Lebenskraft kostet statt gibt.

Rohkost bedeutet jedoch nicht immer, dass man kalt essen muss: Wer es ab und zu warm mag, kann sie bis etwa 46 Grad erhitzen. Dabei bleibt nicht nur ein Maximum an Vitaminen und anderen Vitalstoffen erhalten, sondern auch die hitzeempfindlichen (und gesunden) Enzyme.

Zwischen Gesundheit und Genuss

Von einer strengen Diät voll von Dogmen ist die neue Rohkost weit entfernt. Inspiriert von der amerikanischen Raw-Food-Szene verbindet sie auch hierzulande Gesundheitsbewusstsein mit Genuss und Vitalität. Von Pizza bis zu Wraps, von Torten bis hin zu Eiscremes – moderne Rohkost bietet gesunde Alternativen für Kochklassiker, anstatt Verzicht zu predigen.

Ein alter Weg zu einem neuen Ich

Die neue Rohkost verbindet jahrhundertealtes Wissen über die vielen Vorteile von Pflanzenkost mit den Ansprüchen des modernen Lebens. All dies, um uns eines entdecken zu lassen: ein ausgeglichenes, glückliches, schönes Ich.

Sie ist randvoll mit Nährstoffen

Enzyme, Vitamine und Antioxidantien kommen in der modernen Ernährung leider häufig zu kurz. Ganz anders bei der Rohkost: Hier sind sie ein wesentlicher Bestandteil des täglichen Angebots. Zugleich verdrängen sie das, was schadet: Cholesterin, Zucker, ungesunde Fette.

Die wohl natürlichste Form des Abnehmens

Viele Rohkost-Einsteiger sind überrascht davon, wie einfach sie bei dieser Ernährung überflüssiges Gewicht verlieren – ohne Kalorien zu zählen oder gänzlich auf Desserts und Naschereien zu verzichten. Es geht tatsächlich ganz von allein.

Vegane Ernährung aus purer Leidenschaft

Eine rein pflanzliche Ernährung bekommt nicht nur uns, sondern auch unserem Planeten und der gesamten Menschheit. Sie verkürzt die Nahrungskette und schont damit die Ressourcen. Die neue Rohkost versteht Veganismus als Chance, weitgehend im Einklang mit der Natur zu leben und damit auch zum eigenen inneren Gleichgewicht zurückzukehren. Es fühlt sich einfach rundum gut an, so zu leben.

INFO

VEGAN

Menschen, die sich vegan ernähren, verzichten nicht nur auf Fleisch und Fisch, sondern aus ethischen, ökologischen und/oder gesundheitlichen Gründen auch auf weitere tierische Erzeugnisse wie Eier und Milchprodukte, oft auch auf Honig.

Zu 100 Prozent alltagstauglich

Die neue Rohkost stellt eine bewusste Entscheidung für mehr Gesundheit, Schönheit und Vitalität dar. Sie besteht den Praxistest, da sie leicht umgesetzt und an die individuellen Bedürfnisse angepasst werden kann.

Also: Begeben Sie sich auf Entdeckungsreise ins wundervolle Reich der Rohkost!

Höchste Lebensfreude in roher Form

Eins kommt bei der neuen Rohkost nie zu kurz: Genuss und Freude beim Essen. So erhöht sie die eigene Lebensqualität, bringt den Körper wieder in Harmonie und reduziert seine Anfälligkeit für Krankheiten.

Für jeden geeignet?

Generell gilt: Rohkost kann jeder essen und genießen. Dennoch sollte bedacht werden, dass sich die ideale Menge an Rohkost individuell unterscheidet und vor allem von gesundheitlichen Vorbedingungen, der bisherigen Ernährung und Unverträglichkeiten abhängt. Wer nicht zu 100 Prozent umsteigen will, kann daher einfach nach und nach den Rohkost-Anteil erhöhen.

Die Frage der Verdauung

Menschen mit Reizdarm-Syndrom oder einer Ernährung, die bisher wenig Faserstoffe und vollwertige Lebensmittel umfasst hat, können anfangs Schwierigkeiten bei der Verdauung von großen Mengen an Rohkost haben. Die Darmflora muss sich erst an die veränderte Zusammensetzung der Nahrung anpassen. Unterstützend wirken bei dieser Umstellung probiotische Präparate aus der Apotheke oder dem Reformhaus, die in solchen Fällen während der ersten Wochen rohköstlicher Ernährung täglich genommen werden sollten.
Die Verdaubarkeit von Rohkost kann außerdem dadurch erhöht werden, dass für die richtige Lebensmittelkombination gesorgt wird ▸ **siehe Seite 49**.

Lebensmittelallergien und -unverträglichkeiten

Gewisse Intoleranzen erschweren eine stark rohköstliche Ernährung. Allen voran: Fruktoseintoleranz. Denn wer Fruchtzucker nur in sehr niedrigen Mengen verträgt, der muss auf Obst als einem wesentlichen Pfeiler von Rohkost weitgehend verzichten. Durch einen stärkeren Fokus auf Gemüse und Sprossen lässt sich das jedoch ausgleichen.
Ansonsten gilt das Gleiche wie bei gekochter Kost: Vermeiden Sie die Nahrungsmittel, die Sie nicht vertragen. Wenn Sie zum Beispiel an Glutenintoleranz leiden oder auf Nüsse allergisch reagieren, dann sollten Sie sich

auch bei Rohkost an Ihre üblichen Vorsichtsmaßnahmen halten. Getreidekeime lassen sich durch glutenfreie Varianten wie Quinoa oder Buchweizen ersetzen; Nüsse können in vielen Rezepten gegen Samen, zum Beispiel Sonnenblumenkerne, ausgetauscht werden.

Unter- und Übergewicht

Reine Rohkost ist nicht zur Gewichtszunahme geeignet und auch nicht für Menschen mit starkem Untergewicht empfehlenswert. In solchen Fällen empfiehlt sich die rohköstliche Nahrung stattdessen nur als Ergänzung zu gekochter Vollwertkost.
Für Menschen, die im Gegensatz dazu übergewichtig sind, ist Rohkost ein guter Weg, um abzunehmen und den Gewichtsverlust in einen gesundheitlich relevanten Dauererfolg zu verwandeln. Dazu ist es gar nicht nötig, zu 100 Prozent auf Rohkost umzusatteln, es reicht anfangs schon, mehr Rohkost in Form von frischem Obst und Gemüse in die Ernährung einzubauen. Mehr Hinweise zur Ernährungsumstellung gibt es ab Seite 44.

Höchste Flexibilität

Alles, was unseren Rhythmus und unser inneres Gleichgewicht stört, verursacht uns Stress und verringert damit unsere Energie und Vitalität. Auch falsche Ernährung kann einen solchen Faktor darstellen, der uns aus der Balance bringt.

Sanfte Umstellung

Ähnlich schädlich kann jedoch auch der mentale Stress sein, den wir selbst erzeugen, wenn wir unsere Ernährung zu rigoros umstellen wollen, wenn wir mehr wollen, als uns momentan und mit einem Mal möglich ist. Ein Leben in Balance erfordert vielmehr das Loslassen von Dogmen, die wechselnde Lebensumstände und Bedürfnisse nicht berücksichtigen.
Bei der neuen Rohkost gibt es deshalb nur eine feste Regel: Tun Sie, was Ihnen guttut! Als Ausgangspunkt hat sich ein Zwei-Drittel-Ansatz hilfreich erwiesen: Bis Sie für sich herausgefunden haben, was Ihre ideale Zu-

INFO

IST ROHKOST EINE DIÄT?

Nein, Rohkost kann zwar gut für Detox-Programme genutzt werden, es handelt sich jedoch um einen Lebens- und Ernährungsstil. Er geht mit langfristigen Veränderungen und einem neuen Lebensgefühl einher anstatt mit kurzweiligen Restriktionen.
Mit Rohkost kann man dennoch sehr gut abnehmen – auf ganz natürliche Weise. Denn leere Kalorien wie weißer Zucker oder Mehl, die keinerlei sonstige Nährstoffe liefern, werden ganz automatisch vermieden.

sammensetzung von Roh- und Kochkost ist, bemühen Sie sich, zwei Drittel natürliche Lebensmittel in ihrer rohen Form zu konsumieren. So können Sie allmählich und in Ruhe das Maß an Rohkost finden, das am besten zu Ihnen passt.

Gut vorbereitet durch den Winter

Bei kühlen Temperaturen sehnen wir uns automatisch nach mehr Wärme und mehr Fetten. Das ist mit reiner Rohkost schwierig zu realisieren. Eine Lösung ist es, im Sommer vor allem wasserreiche Früchte zu essen, die in dieser Zeit auch Saison haben und uns bei heißen Temperaturen mit Flüssigkeit und Energie versorgen. Wird es kälter, kann dann häufiger zu warmer, möglichst vollwertiger Kochnahrung aus guten Gemüsen gegriffen werden. Weitere Hinweise hierzu ab Seite 109.

INFO

WIRKLICH ALLES ROH?

Um den Gesundheitseffekt von Rohkost zu erleben, müssen Sie sich nicht hundertprozentig roh ernähren. Das ist in vielen Situationen auch gar nicht möglich. Auf Reisen ist es zum Beispiel häufig schwierig, Gleiches gilt bei einem Business Lunch oder einer Hochzeit. Passen Sie deshalb Ihren Essensplan lieber den aktuellen Gegebenheiten an und erhalten Sie sich so auch auf lange Sicht die Freude an der Rohkost.

Die Frage nach dem Protein

Wohl jeder Rohköstler wird regelmäßig gefragt, woher das Eiweiß in seiner Ernährung kommt. Die Sorge um eine zu geringe Proteinzufuhr spiegelt ganz eindeutig die besondere Rolle wider, die es im Zell- und Muskelaufbau sowie bei der Regeneration unseres Körpers besitzt.
Eine ungenügende Proteinzufuhr ist jedoch hierzulande sehr selten ein Problem. Die Deutsche Gesellschaft für Ernährung hat vielmehr festgestellt, dass wir täglich im Durchschnitt doppelt so viel Protein zu uns nehmen, wie wir tatsächlich benötigen. Vor langfristig erhöhter Proteinzufuhr wird aber gewarnt: Überschüssiges Protein, das sich im Körper ablagert, kann die Entwicklung von Osteoporose, Nierenproblemen und verschiedenen Formen von Krebs begünstigen. Zudem fördert es die Übersäuerung des Körpers und stört somit das lebenswichtige Säure-Basen-Gleichgewicht.

Das Eiweißwunder Hanfsamen

Entgegen dem weitläufigen Irrglauben, nur Fleisch enthalte ausreichend Eiweiß, gibt es viele pflanzliche Proteinquellen, von denen einige kommerziellen Eiweißshakes ernsthafte Konkurrenz machen. Ich verrate Ihnen hier den Geheimtipp aus der Pflanzenwelt: Hanfprotein. So lässt sich leicht eines der Smoothie-Rezepte ab Seite 69 in eine Proteinbombe verwandeln, wenn Sie vier Esslöffel Hanfprotein – und damit über 30 Gramm Eiweiß! – hinzufügen. Hanf liefert dabei alle 20 Aminosäuren, die im Körper vorkommen, inklusive der acht essenziellen Aminosäuren, die mit der Nahrung aufgenommen werden müssen, da unser Körper sie nicht herstellen kann.

Weitere rohköstliche Proteinquellen

Natürlich haben Obst und Gemüse nicht so viel Eiweiß wie Milchprodukte oder Fleisch. Dafür werden bei der Rohkost jedoch mehr Nüsse, Samen und Sprossen verzehrt, deren Eiweißgehalt absolut ausreichend ist.
Nüsse und Samen als Protein- und Energiesnack, vor allem bei sportlicher Betätigung: Walnüsse (24 Prozent Eiweiß, also 24 Gramm pro 100 Gramm), Mandeln (21 Prozent), Cashews (18 Prozent). Dazu kommen Sonnenblumenkerne (23 Prozent), Sesam (20 Prozent), Leinsamen (18 Prozent), Chiasamen (15 Prozent).
Getreidesprossen und gekeimte Getreidealternativen: Sie bestehen etwa zu 15 Prozent aus Protein. Beispielsweise Amaranth (17 Prozent Protein), Quinoa (17 Prozent), Wildreis (16 Prozent), Kamut (15 Prozent), Buchweizen (14 Prozent).

Weitere Sprossen: Die allermeisten Sprossen bestehen zu 20 bis 35 Prozent aus Protein. Alfalfa (35 Prozent), Kresse (20 Prozent), außerdem die Bohnen- und Linsensprossen (20 bis 30 Prozent).

»Kalzium? Nur von der Kuh!«

Dass Milchprodukte die beste Nahrungsquelle für Kalzium und noch einige andere Mineralien sei, hat sich stark in unseren Köpfen festgesetzt, basiert aber keinesfalls auf ernährungswissenschaftlichen Fakten.

Sprossen sind ein wahrer Segen für jeden Rohkost-Fan: knackig, frisch und voller Vitalstoffe.

INFO

KALZIUMWERTE

Vollmilch: 113 mg Calcium / 100 g (Vergleichswert)
Chiasamen: 631 mg / 100 g
Mandeln: 243 mg / 100 g
Leinsamen: 199 mg / 100 g
Spargel: 176 mg / 100 g
Grünkohl: 135 mg / 100 g
Spinat: 99 mg / 100 g
Brokkoli: 47 mg / 100 g

Rohköstliche Ernährung ist sehr reich an Mineralien wie Magnesium und Kalium, aber auch Kalzium ist in Fülle vorhanden. Nicht nur Nüsse und Samen enthalten viel davon, sondern auch kalorienärmeres grünes Gemüse, das einfach in jeder Hinsicht eine gute Nahrungsbasis darstellt.

Pflanzenkost und Eisen

Gerade Frauen kennen die Auswirkungen zu niedriger Eisenwerte: Müdigkeit und Erschöpfung, gegen die kein Schlaf der Welt hilft. Dies hängt mit der Funktion zusammen, die Eisen beim Transport von Sauerstoff im Körper übernimmt.
Pflanzliche Rohkost schafft hierbei Abhilfe: Ein großer grüner Smoothie täglich kann bereits ein volles Drittel des durchschnittlichen Eisenbedarfs von Frauen (insgesamt 15 Milligramm) und die Hälfte des Bedarfs

INFO

EISENWERTE

Hühnerleber: 8,8 mg Eisen / 100 g
Putenfleisch: 4,8 mg / 100 g
Hühnchen: 0,8 mg / 100 g (Vergleichswerte)
Melasse: 17,5 mg / 100 g
Kürbiskerne: 15 mg / 100 g
Sonnenblumenkerne: 6,7 mg / 100 g
Leinsamen: 6,2 mg / 100 g
Petersilie: 6,2 mg / 100 g
Getrocknete Feigen: 4,4 mg / 100 g
Mandeln: 4,4 mg / 100 g
Spinat: 2,7 mg / 100 g
Rote-Bete-Blätter: 2,6 mg / 100 g
Rosinen: 2 mg / 100 g
Datteln: 1,7 mg / 100 g
Rote Bete: 0,8 mg / 100 g

Die Aufnahme von pflanzlichem Eisen kann verbessert werden, indem es gemeinsam mit Vitamin C (beispielsweise aus Zitrusfrüchten) gegessen wird.

VITAMINE IM ÜBERBLICK

Rohkost ist voll von gesunden Vitaminen. Aber welches Vitamin ist wo enthalten und wofür gut?

Provitamin A (Carotine) für Knochen und Zähne, Haut und Gewebe. In Mangos, in grünem, gelbem und orangem Gemüse.
Vitamin B1 (Thiamin) fördert die Verdauung, hilft gegen Müdigkeit, ist gut fürs Herz und unterstützt außerdem die Umwandlung von Zucker und Stärke in Energie. Lieferanten: Weizenkeime, Sojasprossen, Sonnenblumenkerne und andere Samen.
Vitamin B2 (Riboflavin): Wesentlich für mehrere Stoffwechselprozesse. In grünem Blattgemüse enthalten.
Vitamin B3 (Niacin) wird oft als Schönheitspräparat beworben, da es schöne Haut und feste Nägel fördert. Zudem kann es sich positiv auf den Cholesterinwert auswirken. In Avocados, Hülsenfrüchten und Nüssen.
Vitamin B6 (Pyridoxin) wird bei der Bildung roter Blutzellen benötigt sowie für den Erhalt der optimalen Gehirnfunktion. In Avocados, Bananen, Getreide, Nüssen.
Vitamin B12 ist vor allem wichtig für die Bildung roter Blutkörperchen. Da es in Pflanzen nicht ausreichend vorkommt, sollte es über Mittel aus dem Reformhaus oder der Apotheke ergänzt werden.
Vitamin C: für Zähne und Zahnfleisch ebenso wichtig wie für das Immunsystem und zur Wundheilung. In Zitrusfrüchten, Erdbeeren, Tomaten, Brokkoli und Kohl.
Vitamin D ist relevant bei der Absorption von Kalzium. Es wird auch das Sonnenvitamin genannt, da es der Körper produziert, wenn er Sonnenbestrahlung ausgesetzt ist.
Vitamin E (Tocopherol) wird bei der Bildung von roten Blutkörperchen benötigt. Es verbessert die Aufnahme und Verarbeitung von Vitamin K im Körper. In Avocados, grünem Blattgemüse, Samen und Nüssen.
Vitamin K ist unabdingbar im Prozess der Blutgerinnung. Zu finden in grünem Blattgemüse, Kohl, Blumenkohl.
Biotin: Notwendig im Protein- und Kohlenhydratstoffwechsel. In Nüssen enthalten.
Folsäure spielt während der Schwangerschaft eine große Rolle, um die Gesundheit des Babys zu schützen. In Brokkoli, Spargel, grünem Blattgemüse, Roter Bete.
Pantothensäure, auch Vitamin B5 genannt. Entscheidend bei der Wundheilung und der Immunabwehr. In Avocados, Süßkartoffeln, Blumenkohl, Brokkoli.

von Männern (10 Milligramm) decken. Und bereits ein Esslöffel Melasse enthält etwa 3 Milligramm Eisen. Diesen dunklen, festen Sirup kann man in Reformhäusern oder Bioläden kaufen. Er schmeckt angenehm süß und ein wenig nach Lakritz. Sie können ihn einfach als Süßungsmittel in Nachspeisen oder Shakes einrühren.

Wahre Pflanzenkraft: Vitamine, Enzyme & Co.

Einen hohen Vitamin- und Enzymgehalt erwarten Sie wahrscheinlich von einer Ernährung, die so reich an frischem Obst und Gemüse ist wie Rohkost. Das tatsächliche Ausmaß roher Pflanzenenergie und ihre Wirkung auf den eigenen Körper wird Sie vielleicht dennoch überraschen.

INFO

SONDERFALL VITAMIN B12

B12 ist ein Mikronährstoff, der in veganer und rohköstlicher Ernährung meist nur unzureichend vorhanden ist. B12-Nahrungsergänzungsmittel sind deshalb eine sichere Form der Bedarfsdeckung. Sie werden von Apotheken und Reformhäusern angeboten, Ärzte oder Heilpraktiker beraten hier gern. Da B12 vom Körper nur in geringen Mengen benötigt wird und über Jahre gespeichert werden kann, fallen Mängel oft erst sehr spät auf.

Vitamine

Die wichtige Rolle, die Vitamine für unsere Gesundheit spielen, wird heute wohl von niemandem mehr bestritten. Der Körper benötigt sie zwar nur in geringen Mengen, zugleich sind sie jedoch ein unablässiger Bestandteil vieler körperlicher Prozesse von der Knochenstärkung bis zur Blutbildung. Und wie so oft übertrumpft hier nichts das ursprüngliche Design, das Mutter Natur den Vitamine enthaltenden Früchten gab.
Die Verarbeitung von Lebensmitteln geht meist mit einem Vitaminverlust einher. Bei zu langem Kochen werden wasserlösliche Vitamine – das sind Vitamin C und alle B-Vitamine – zum Beispiel ausgeschwemmt. Auch die Pasteurisierung von Frucht- und Gemüsesäften oder die Konservierung von Gemüse in Dosen führt zu erheblichen Abstrichen beim Vitamingehalt. All diese Vitalitätsfallen lassen sich durch Rohkost vermeiden! Hier bleibt alles Gute enthalten und kann vom Körper für seine vielfältigen Funktionen genutzt werden.

Sekundäre Pflanzenstoffe

Sogenannte Phytonährstoffe sind für die Ausprägung von Pflanzen zuständig, die wir mit unseren Sinnen erfassen. Sie sorgen beispielsweise für die kräftige Färbung von

Blaubeeren und den einzigartigen Geruch von Knoblauch. Wissenschaftler schätzen, dass es mehr als 10 000 solcher Elemente gibt, die zugleich eine gesundheitsfördernde Wirkung besitzen. Sie sollen der Entstehung oder Zunahme von Diabetes, verschiedenen Krebsformen, Herz-Kreislauf-Erkrankungen und Bluthochdruck entgegenwirken. Flavonoide haben zum Beispiel zellschützende Eigenschaften, während Gerbstoffe entzündungshemmend wirken. Studien hierzu gestalten sich problematisch, da angenommen wird, dass sich ihr voller gesundheitlicher Effekt erst im Zusammenspiel mit den anderen Nährstoffen einer Pflanze entfaltet. Deshalb: lieber frisches Obst oder Gemüse als ein Dutzend Nahrungsergänzungsmittel.

Enzyme

Wenn es den Schlüssel zu optimaler Gesundheit gibt, dann sind es die Enzyme. Sie sind Lebensretter und -bewahrer zugleich. Ohne sie würde unser Körper komplett außer Kraft gesetzt werden, denn in jedem einzelnen körperlichen Prozess sind sie aktiv. Nahrungsenzyme nehmen wir über unser Essen auf. Sie unterstützen die Verdauungsenzyme dabei, das Beste aus dem Essen herauszuziehen und den Rest zu zersetzen, sodass er ausgeschieden werden kann.
Warum ist die Rolle der Rohkost dabei so wichtig? Enzyme werden bei Temperaturen über 47 Grad Celsius zerstört. Und wenn sie nicht mit der Nahrung aufgenommen werden, hat es der Körper doppelt so schwer bei der Verdauung. Zusätzlich muss er Energie aus anderen Stoffwechselprozessen abführen, um mehr Verdauungsenzyme zu produzieren. Beschleunigte Alterungsprozesse und erhöhte Anfälligkeit für Krankheiten sind dann Symptome dieses Mangels. Rohkost wirkt dem glücklicherweise entgegen, mit ihr erleichtern wir es unserem Körper, sein Bestes zu geben.

Reifer werden und dabei frisch und vital bleiben: Mit Rohkost kann das wahr werden.

WAS SIE IM ROHKOST-ABENTEUER ERWARTET

Ob Sie kopfüber ins Rohkost-Abenteuer springen oder sich allmählich vorantasten, bestimmte Veränderungen, Erfolgsmomente und Hürden werden Sie bestimmt begleiten.

Ein neues Sättigungsgefühl

Dass man von Rohkost nicht satt werden kann, ist eine der häufigsten Befürchtungen vorab. Die meisten Menschen heute sind es gewohnt, erst dann mit dem Essen aufzuhören, wenn sie sich so richtig voll fühlen. Leider haben sie den Punkt der eigentlichen, gesunden Sättigung damit bereits überschritten, denn Völlegefühl ist immer ein Zeichen dafür, dass wir über den eigentlichen Hunger hinaus gegessen haben. Sättigung wird biochemisch als der Zustand definiert, bei dem kein Hunger mehr empfunden wird. Ein solches Verständnis von

Sättigung als Deckung der Nahrungsbedürfnisse des Körpers ist nur sinnvoll und es liegt auch der Rohkost zugrunde.
Damit geht zugleich ein neues Körperbewusstsein einher: Eine stärker rohköstliche Ernährung schärft nämlich Ihre Wahrnehmung dafür, wann Ihr Hunger wirklich gestillt ist. So zeigt sie Ihnen, dass Sie sich nicht voll fühlen müssen, um vollkommen zufrieden zu sein.

Ein neuer Rhythmus

Rohkost bedeutet nicht nur, andere Dinge, sondern auch auf eine andere Weise zu essen. Es ist eine intensive Umstellung, denn die hohe Vitalkraft von Rohkost wird sich stark darauf auswirken, was, wie viel, wie häufig und wann Sie essen.
Wahrscheinlich wird sich zum Beispiel Ihr Essensrhythmus ändern: Aufgrund der kurzen Verdauungszeit von Obst und Gemüse verspüren Sie regelmäßiger Hunger und werden öfter zu Früchten oder Nüssen als Snack zwischendurch greifen.
Ähnlich sieht es mit den Portionsgrößen Ihrer Mahlzeiten aus: Auch hier könnten Sie feststellen, dass Sie größere Mengen verspeisen als sonst und sich häufiger den Teller nochmals auffüllen.
Beides sind natürliche Zeichen der Umstellung Ihres Körpers auf mehr vitalstoffreiche Kost. Denn Obst und Gemüse sind zwar randvoll mit Vitaminen, Mineralien und Enzymen, die meisten Arten sind jedoch zugleich arm an Kalorien und schnell verdaut. Außerdem ist aufgrund des hohen Wassergehalts von Rohkost dieselbe Menge an Gemüse roh sehr viel voluminöser als gekocht, sodass Portionen größer erscheinen können, als sie wirklich sind.

Eine neue Welt an Zutaten und Geräten

Ein erster Einblick in rohköstliche Zubereitungsarten kann leicht zu einem Gefühl von Überforderung führen. Da ist von stundenlangem Dehydrieren, Superfoods aus den Anden und Mixern für mehrere hundert Euro die Rede. Schnell gerät in Vergessenheit, dass Rohkost so einfach wie ein großes Früchtefrühstück, ein grüner Smoothie oder ein Riesensalat sein kann.

TIPP

IMMER GUT VORGESORGT

Lieber etwas mehr Vitalkost essen oder ein paar Äpfel mehr einkaufen, als zu anderen schwer verdaulichen, kalorienreichen Sattmachern greifen. Mit der Zeit stellt sich Ihr Körper auf diese neue Ernährungsform ein und signalisiert Ihnen klar und rechtzeitig, wann er satt und genährt ist.

Etwas Neugier und Offenheit für ungewöhnliche Geschmacksnoten oder Zubereitungsformen ist gerade in den ersten Wochen dennoch sehr gesund. Sie werden schnell merken, was von den rohköstlichen Möglichkeiten Ihnen schmeckt und Freude bereitet, und sollten das als Grundlage Ihrer Ernährung betrachten, egal wie viele unterschiedliche Meinungen es zur »perfekten« Rohkost-Ernährung gibt.
Um sich rohköstlicher zu ernähren, benötigen Sie erst einmal nicht mehr als ein paar Messer, frisches Obst und Gemüse, ein paar Nüsse und Samen, etwas Öl, Essig und Gewürze. Alles andere kommt mit der Zeit dazu. Es bringt zwar mehr Abwechslung in Ihre Ernährung, ist aber keine Grundbedingung für ein gesundes Leben.
Und falls doch einmal Verwirrung beim Anblick unbekannter Zutaten in Rezeptbüchern, bei nie gehörten Inhaltsstoffen auf Roh-Food-Artikeln oder nie gesehenen Gerätschaften aufkommt: Ab Seite 28 und 41 finden Sie die meisten der Besonderheiten rohköstlicher Ernährung genauer erklärt.

Gewappnet gegen kleine Krisen

Jede Umstellung erfordert ein wenig Zeit und hält Momente der Hochstimmung ebenso wie kleine Tiefs bereit. Darauf vorbereitet zu sein, ist wichtig. Es befähigt uns, sie gut zu überstehen.

(Scheinbar) unwiderstehliche Verlockungen

Es wird ab und zu Tage geben, an denen alles verführerischer ist als der Salat auf dem eigenen Teller. Besinnen Sie sich in diesen Momenten einfach darauf, dass es bei der neuen Rohkost nicht nur um Vitalität, sondern auch um Lebensfreude geht. Gibt es eine Rohköstlichkeit, die Ihren momentanen Gelüsten mehr entgegenkommt? Wenn dies nicht der Fall ist, dann nutzen Sie die Zwei-Drittel-Regelung und gönnen Sie sich die eine oder andere Verlockung. Versuchen Sie dabei, die Portion möglichst klein zu halten und lieber um gesunde Alternativen zu ergänzen, wie etwa einen großen Salat zum Burger oder ein paar Trockenfrüchte zu den Schokokeksen.

> Rohkost bedeutet, bewusst Verantwortung für das eigene Wohlbefinden und die eigene Gesundheit zu übernehmen.

Fragen und Bedenken

Die erste Zeit im Rohkost-Experiment kann eine Herausforderung sein: Sie müssen sich nicht nur mit den Fragezeichen in Ihrem eigenen Kopf beschäftigen, sondern auch mit denen in Ihrem Umfeld. Zu den meisten

Fragen finden Sie in diesem Buch Antworten, sei es die ausreichende Nährstoffzufuhr, siehe ab Seite 12, oder die befürchtete Eintönigkeit von Rohkost – Rezepte, die das Gegenteil beweisen, gibt es ab Seite 68.
Und manche Fragen beantworten Sie am besten dadurch, dass Sie diesen rohköstlichen Weg mit viel Freude begehen – die positiven Resultate sprechen für sich selbst.

Detox-Krisen

Rohkost besitzt ein hohes Entgiftungspotenzial, sodass es anfangs mitunter auch zu einigen Detox-Anzeichen kommt. Während sich der Körper in den ersten Wochen von angesammelten Giftstoffen befreit, können Sie deshalb Übelkeit empfinden, zeitweilig unter Kopfschmerzen leiden oder das Gefühl bekommen, dass Sie sich eine Erkältung zugezogen haben. Das Gute: All dies ist nur temporär und ein Zeichen dafür, dass Ihr Körper für Ihre Gesundheit hart arbeitet. Bleiben Sie einfach dran, dann verschwinden die Symptome rasch.

Jede Menge positive Effekte

Wenn die ersten Detox-Krisen überstanden sind, setzen weitere Veränderungen ein, die Sie positiv begrüßen werden: In der Regel nehmen Sie bei Rohkost ab, ohne Kalorien zählen oder hungern zu müssen. Stattdessen entdecken Sie neue Geschmackswelten und kommen stärker mit Ihrem Körper und seinen Bedürfnissen in Verbindung. Außerdem beschert Rohkost Ihnen schier unbegrenzte Energie, die im Doppelpack mit mehr Lebensfreude geliefert wird. Falls sich also Ihr Körper oder Ihre Gemütslage plötzlich ändern, ist das ein Zeichen dafür, dass die Rohkost gerade dabei ist, ihre volle Wirkkraft zu entfalten!

Die Selbstheilungskraft aktivieren

Heilung ist ein natürlicher Vorgang, der ausgelöst wird, sobald das Gleichgewicht unseres Körpers und die Harmonie seiner Prozesse wiederhergestellt wurden.
Fortwährend heilt, regeneriert und repariert sich unser Körper selbst. Wir bemerken das zum Beispiel, wenn wir uns mal in den Fin-

TIPP

KRISEN ABMILDERN

Falls eine Krise auftaucht, akzeptieren Sie sie am besten als wesentlichen Bestandteil Ihrer Entgiftung. Unterstützend wirkt, möglichst viel Wasser zu trinken und sich ausreichend Ruhe zu gönnen. Sollten die Symptome jedoch zu stark werden: Einfach etwas mehr gekochte Vollwertkost in Ihren Ernährungsplan integrieren, um den Entgiftungsprozess zu verlangsamen.

ger geschnitten haben – er heilt »von allein«. Medizin kann in diesem Prozess nur die Rolle eines Katalysators übernehmen, die Heilung selbst ist jedoch stets Aufgabe unseres Organismus.
Die Verantwortung für unser Wohlbefinden liegt damit zu großen Teilen in unseren eigenen Händen. Wie stark beispielsweise unser Immunsystem ist, hängt vor allem mit unserem Lebensstil zusammen, mit dem Level an Stress, dem wir ausgesetzt sind, unserer Ernährung und natürlich auch der Menge an Bewegung im Alltag.

Rohkost unterstützt den Körper dabei, ins Gleichgewicht zu gelangen und seine Selbstheilungskräfte zu aktivieren.

Fest steht nach neuesten Erkenntnissen, dass die meisten Krankheiten, von denen heute in Mitteleuropa erschreckend viele Menschen betroffen sind, degenerativer Natur sind. Das bedeutet, dass sich Organe, Gewebe oder Funktionen über einen längeren Zeitraum nach und nach zurückgebildet haben. Degenerative Herzkrankheiten sind zum Beispiel die häufigste Todesursache in Deutschland und könnten in vielen Fällen durch die Patienten selbst und einen gesünderen Lebensstil vermieden werden.

Im Säure-Basen-Gleichgewicht

Viel Industrienahrung, Kaffee und Leistungsdruck, aber wenig Sonne, Bewegung und frische Kost – so sieht der Alltag vieler Menschen aus. Er bringt sie aus dem Gleichgewicht, auch auf der körperlichen Ebene, genauer auf der Zellebene, denn ein solcher Lebensstil wirkt säurebildend, er verringert den pH-Wert des Blutes.
Damit jedoch alle körperlichen Prozesse reibungslos funktionieren und zielgenau ineinandergreifen, ist ein genau definiertes Säuren-Basen-Gleichgewicht notwendig, ein pH-Wert von 7,35 bis 7,45 auf einer Skala von 1 (sehr sauer) bis 14 (sehr basisch). Gerät der Säure-Basen-Haushalt aus dem Gleichgewicht, können auch wir nicht in unserer Mitte bleiben. Wir spüren dies oft in kleineren Wehwehchen oder Missstimmungen, ohne dabei aber die Verknüpfung zur Zellgesundheit herzustellen.
Indem wir unserem Körper durch eine optimierte Ernährung mehr Basen zuführen, entlasten wir ihn von der Bürde, Säuren abzulagern oder zu neutralisieren. Damit stärken wir nicht nur unser Immunsystem und unsere Vitalität ganz erheblich. Wir ermöglichen es dem Körper auch, Fettzellendepots wieder zu verringern oder abzubauen, die bisher als Säurelager gedient haben. Dies bewirkt wie nebenbei eine Gewichtsreduktion.
Das Gute an einer Hinwendung zu mehr Rohkost im Hinblick auf die wichtige Säure-Basen-Balance liegt auf der Hand: Diese

Art der Ernährung macht es überflüssig, zwanghaft nach mehr Basenbildnern zu suchen. Denn eine obst- und gemüsereiche Vitalkost ist zugleich immer auch Basenkost, das ist ganz automatisch so. Eine Ernährung im Einklang mit der Natur bedeutet somit auch eine Ernährung im Einklang mit dem eigenen Körper und seinen vielfältigen Bedürfnissen.

Die Wirkung einzelner Lebensmittel

Stark basisch: grünes Blattgemüse, Gemüse, frische Kräuter, Zitrusfrüchte, Mangos, Melonen, Sprossen.

Basisch: Obst, Avocados, Stevia, stärkehaltiges Gemüse wie Süßkartoffeln oder Kürbis, viele Pflanzenöle, Apfelessig, Balsamico, Kräutertees.

Neutral: Nüsse und Samen, Trockenfrüchte, Agavensirup, Getreide und Hülsenfrüchte (in gekochter Form).

Säurebildend: viele Fischsorten, Rohmilch.

Stark säurebildend: alle industriell verarbeiteten Lebensmittel wie Weißmehlprodukte, weißer Zucker und Süßigkeiten, Frühstückszerealien, Fertigmahlzeiten, künstlicher Süßstoff, die meisten Fleisch-, Wurst- und Milchprodukte, Eiweißshakes, Softdrinks, Kaffee, Alkohol.

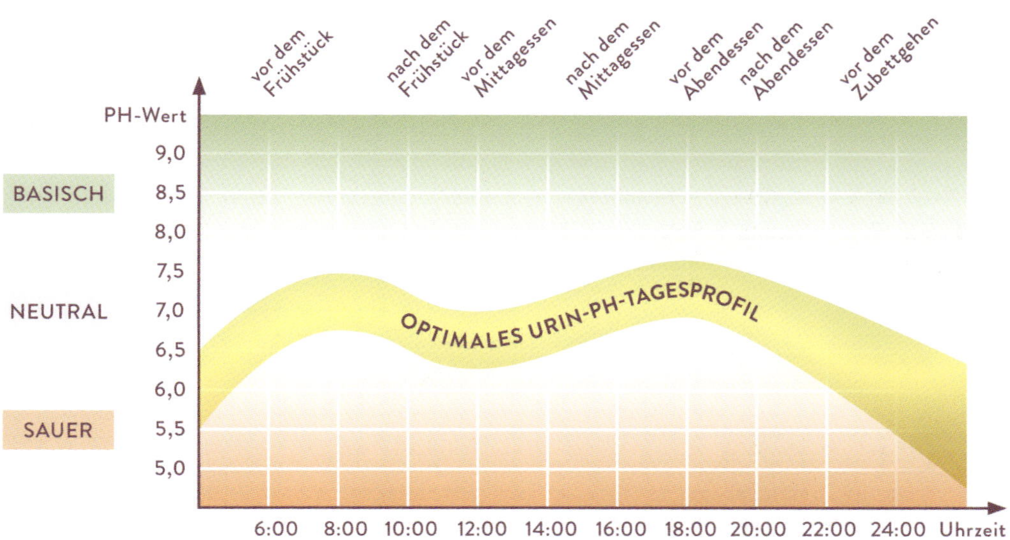

Die gelbe Kurve zeigt den über den Tag veränderlichen optimalen pH-Wert im Urin. Dieser ist ganz leicht mithilfe von Teststreifen aus der Apotheke zu messen.

ROHKÖSTLICHE GLÜCKLICHMACHER

Vielen Rohköstlern hilft ihre Ernährung dabei, Stimmungsschwankungen, Winterdepressionen und emotionale Tiefs zu überwinden. Damit hängt sicherlich die große Menge an basenbildenden Lebensmitteln zusammen, aber auch die glücklich(er) machenden Inhaltsstoffe von Rohkost.

Bananen sind mit ihrem hohen Magnesium- und Kaliumgehalt sowie ihrem hohen Anteil an Fruchtzucker und Tryptophan, das unser Körper in Serotonin umwandelt, der perfekte Snack bei Stress, Belastung und dem typischen Winter-Blues.

Rohe Schokolade enthält zum Beispiel viel Magnesium und Eisen sowie »natürliche Antidepressiva« und Phenylethylamine, die sich positiv auf den Serotoninspiegel auswirken. Kurz: Schokolade macht uns einfach glücklich. Roh besteht sie aus Kakaobohnen, die kalt gepresst und nicht stark erhitzt werden. Erhältlich ist sie mittlerweile in vielen Bioläden sowie Online-Shops.

Avocados besitzen eine ähnliche Wirkung auf den Level unseres Serotonins, das als glücklich machender Neurotransmitter in unserem Gehirn fungiert.

Kokosnüsse sind reich an Fettarten, die unser Wohlbefinden fördern und sich positiv auf unsere Laune auswirken.

Grünkohl, Spargel und Spinat besitzen viel Folsäure, die Depressionen entgegenwirkt.

Walnüsse sind reich an Omega-3-Fettsäuren, die einen positiven Effekt auf depressive Verstimmungen haben. Schon zwei oder drei Walnüsse am Tag können nachweislich die Stimmung heben.

Anti-Aging dank Antioxidantien

Antioxidantien sind unsere körpereigene Abwehr gegen freie Radikale. Diese entstehen in Oxidationsprozessen und stellen insofern eine Gefahr für uns dar, als dass sie eine Kettenreaktion auslösen, bei der auch grundlegende zelluläre Komponenten wie DNA oder Zellmembranen beschädigt werden können. Freie Radikale sind damit unwillkürlich Motoren des Alterns auf Zellebene und damit unerwünscht.
Nirgends sind Antioxidantien, die diese Prozesse effektiv stoppen, in so hoher Vielfalt und Konzentration vorhanden wie in frischem Obst und Gemüse sowie in Nüssen, Samen, Getreide und Hülsenfrüchten – und das ist die Essenz rohköstlicher Ernährung. Beeren sind dabei die ungeschlagenen Antioxidantien-Champions. Allein 20 Gramm getrocknete Gojibeeren, weniger als eine Handvoll, liefern die empfohlene tägliche Mindestmenge an Antioxidantien. Doch auch weniger exotische Früchte wie Pflaumen, Rosinen oder Blaubeeren schlagen jedes kosmetische Mittel deutlich in ihrer Anti-Aging-Wirkung. Die bis zum heutigen Tag umfangreichste Studie des US-Landwirtschaftsministeriums zu Antioxidantien in Lebensmitteln kam 2004 deshalb auch zu dem simpel scheinenden Befund: »Das Endergebnis ist: Essen Sie mehr Obst und Gemüse.« Und genau das ist es, was Sie im Rohkost-Abenteuer praktizieren. Schönheit, die man isst und sieht.

Abnehmen wie von allein

Auch das erwartet Sie hier: Rohkost ist einer der natürlichsten Wege zum Idealgewicht. Sie ermöglicht uns Gewichtsabnahme im Einklang mit unserem Körper und nicht im Kampf mit ihm. Denn je natürlicher wir uns ernähren, desto natürlicher ist die Form, die unser Körper annimmt.
Mit rohköstlicher Ernährung verlieren wir überschüssige Pfunde ganz von allein. Kalorienzählen ist dabei nicht notwendig. Stattdessen steht das, was mit Kalorien eigentlich gemessen werden soll, an erster Stelle: der Nährwert. Sowohl Diäten, bei denen für kurze Zeit auf vieles verzichtet wird, als auch ein Übermaß an Junkfood liefern unserem Körper nur ein Minimum an essenziellen – also lebensnotwendigen – Nährstoffen.

Verlockende Vielfalt

Abnehmen mit Rohkost bedeutet nicht nur Karottenstangen und Sellerie! Und es heißt auch nicht, dass Sie morgens, mittags und abends Salat essen müssten. Im Gegenteil: Sie werden wahrscheinlich staunen, wie viel Abwechslung mit Rohkost möglich ist. Sie können sich sogar an den rohköstlichen Eiscreme- oder Kuchenrezepten versuchen, Rohkost-Desserts sind auch beim Abnehmen erlaubt. Gerade mit ihnen beginnen Sie, natürliche Inhaltsstoffe genießen zu lernen. Denn nur mit Genuss werden Sie auch stetig und dauerhaft überflüssige Kilos los.

Zehn Schritte zum schlanken Ich

1. WERDEN SIE ZUM TRINKER

Allen Ernährungstipps voran steht die Aufforderung, Flüssigkeit als wichtigen Bestandteil Ihrer Ernährung zu begreifen und Trinken wo immer möglich in den Alltag zu integrieren: Wasser, Früchte- und Kräutertees sowie frisch gepresste Säfte.
Kleinen Gelüsten kann häufig leicht entgegengewirkt werden: Wenn Sie seit mehr als einer Stunde nichts getrunken haben und Ihr Körper sich plötzlich mit scheinbarem Hunger meldet, trinken Sie ein großes Glas Wasser. Oft reicht das schon aus.

2. DETOX FÜR EINEN FRISCHEN START

Mit Rohkost abzunehmen ist weit mehr als strikter Verzicht über ein paar Tage oder Wochen. Es ist eine Ernährungsumstellung, die Ihnen mehr Energie und Gesundheit gibt. Ein Neuanfang ist dazu angebracht: Sie müssen dem Körper Zeit geben, all die toxischen Abfallprodukte abzubauen, die sich über die Jahre angesammelt haben. Ansonsten werden sie auch weiterhin Ihr Wohlbefinden stören und Sie nicht zuletzt auch am Abnehmen hindern. Dieser Neustart gelingt am besten mit einer Kur, siehe ab Seite 52.

3. SÄURE-BASEN-GLEICHGEWICHT

Oftmals ist Übergewicht auch ein Zeichen von Übersäuerung. Ein übersäuerter Körper hält nämlich am Fett fest, um hier das Zuviel an Säuren abzulagern. Kehren wir zum Säure-Basen-Gleichgewicht zurück, kann unser Körper dieses Fett freisetzen, da es nicht mehr benötigt wird. Wir nehmen ab, und das oftmals ohne noch extra etwas dafür tun zu müssen.

4. BIOLOGISCH ABNEHMEN

Bioprodukte haben viele Vorteile für unsere Umwelt und unseren Organismus ▸ **siehe Seite 39**. Obst und Gemüse aus biologischem Anbau weisen eine höhere Nährstoffdichte auf und ein gut versorgter, aber giftstoffarmer Körper steuert naturgemäß unaufhaltsam auf sein Idealgewicht zu.

INFO

BALLASTSTOFFE GEGEN BALLAST AUF DEN HÜFTEN

Ballaststoffe sind entgegen der irreführenden Bezeichnung nicht überflüssig oder gar schädlich, sondern von essenzieller Bedeutung für unsere Gesundheit. Gerade bei der Gewichtsreduktion profitieren wir davon, dass pflanzliche Rohkost von Natur aus stark ballaststoffhaltig ist. Denn indem diese Stoffe im Magen aufquellen, fühlen wir uns schneller und länger gesättigt. So wird Rohkost zum natürlichen Appetitzügler.

5. ALLROUNDSNACK OBST

Obst sättigt länger als Gemüse, da es etwas mehr Kalorien enthält und den Blutzuckerspiegel anhebt. Seine Rolle beim Abnehmen wurde mittlerweile in vielen Studien belegt. Und durch die praktische Verpackung, in der es von Natur aus kommt, ist es das perfekte Fast Food. Obst als Allzeitsnack!

6. ROHE STATT ERHITZTE FETTE

Trotz unseres hohen Fettkonsums ist unsere Ernährung arm an guten, ungesättigten Fettsäuren. Mit der Umstellung auf Rohkost entdecken Sie gesunde und wohlschmeckende Fette wie das in Nüssen, das Ihr Körper nicht nur benötigt, sondern das, in Maßen verzehrt, sogar das Abnehmen unterstützt. Im Gegensatz zu erhitzten enthalten rohe Fette das Enzym Lipase, das bei Temperaturen über 40 Grad zerstört wird. Lipasen sind für die Verdauung von Fetten unabdingbar und erschließen die Fettreserven unseres Körpers zur Energieverbrennung.

7. EINEN SALAT VOR JEDER MAHLZEIT

Auch wenn Sie weiterhin Gekochtes essen: Ein Salat vor jeder gekochten Mahlzeit kann viel Chlorophyll in die Ernährung integrieren – und er macht bereits satt.

8. MIT RUHE UND GEMÜTLICHKEIT

Bis zu zwanzig Minuten vergehen, bevor Ihr Gehirn das Signal erhält, dass der Magen voll ist. Doch in zwanzig Minuten lässt sich so einiges essen – an Dingen, die wir eigentlich nicht mehr benötigen. Rohes Gemüse allerdings zwingt Sie geradezu zum gewissenhaften Kauen. Sich vollstopfen? Das ist damit so gut wie nicht möglich. Lassen Sie sich also gleich bewusst Zeit und genießen Sie Ihre Mahlzeit.

9. DAS AUGE ISST MIT

Gerade zu Beginn Ihrer rohköstlichen Erfahrung kann von der Gestaltung Ihrer Speisen der Erfolg tatsächlich mit abhängen. Achten Sie deswegen auf die verschiedenen Farben von Gemüse und Obst und kombinieren Sie auch einmal vor allem nach ästhetischen Gesichtspunkten: Wie wäre es, rohe Tomatensuppe mit Möhrenstückchen und frischer Petersilie zu verzieren, über die Sie mit Rote-Bete-Saft ein paar Spiralen ziehen? Und Plätzchenformen können Sie nutzen, um schnell Sternchen und Herzen aus Melonen und Ananas zu schneiden.

10. ALLZEIT BEREIT

Nichts ist schlimmer, als nachmittags beim Bummeln in der Stadt vom kleinen Hunger übermannt zu werden – und von Pommes, Süßem und Bratwurst umringt zu sein. Das Einzige, was Sie in dieser Situation noch retten kann: der Apfel in Ihrer Tasche! Machen Sie es sich zur Gewohnheit, stets etwas Obst und am besten auch noch ein paar gut sättigende Nüsse einzustecken, bevor Sie aus dem Haus gehen.

ELEMENTE ROHKÖSTLICHER ERNÄHRUNG

Wer die Ernährung auf mehr Rohkost umstellen will, dem fehlt häufig eine brauchbare Orientierungshilfe. Klassische Ernährungspyramiden sind auf Rohkost nicht direkt anwendbar, da bei ihnen stärkehaltige gekochte Lebensmittel wie Backwaren, Reis, Kartoffeln und Pasta die Basis bilden und auch tierische Produkte eine große Rolle spielen.
Bei rohköstlicher Ernährung ist deshalb ein Umstrukturieren dieses Modells notwendig: Der Fokus verschiebt sich dabei auf grünes Blattgemüse sowie andere Gemüsesorten und auf Obst. Und an die Stelle von tierischen Produkten, die reich an Proteinen und/oder Fetten sind, treten Nüsse, Samen und Sprossen als rohe Lieferanten dieser wichtigen Nährstoffe.
Schauen wir uns die einzelnen Komponenten einer gesunden und ausgewogenen Rohkost-Ernährung genauer an.

Die Basis: Grünes Blattgemüse

Mehr grünes Blattgemüse in die Ernährung zu integrieren, ist einer der einfachsten und effektivsten Schritte, die Gesundheit zu verbessern. Grund hierfür ist neben dem hohen Mineral- und Vitamingehalt vor allem das in Blattgrün enthaltene Chlorophyll. Es wirkt entgiftend und unterstützt den Körper dabei, die Säure-Basen-Balance zu halten. Außerdem versorgt uns grünes Blattgemüse mit reichlich Eisen, Kalzium und einer Vielzahl an Vitaminen.

Was und wie viel sollte konsumiert werden?

Mit einer auf Rohkost basierten Ernährung kommt glücklicherweise automatisch mehr Grünes auf den Tisch. Es empfiehlt sich, mit gut 200 Gramm täglich an grünem Blattgemüse zu beginnen und die Menge allmählich zu erhöhen. Das kann in Form von grünen Smoothies, Salaten oder auch rohen Energiesuppen geschehen. Grüne Säfte sind außerdem eine praktische Möglichkeit, große Mengen an Vitalstoffen aufzunehmen.

Worauf Sie beim Kauf achten sollten

Grünes Blattgemüse sollte stets sehr frisch gekauft werden. Welken oder vergilben die Blätter schon beim Händler, ist ein Großteil der Nährstoffe bereits verloren. Grünes Blattgemüse nimmt bei konventionellem Anbau viele der verwendeten Pestizide auf, deshalb lohnt Bioqualität.

MEIN PERSÖNLICHER TIPP

SICH ANS GRÜN GEWÖHNEN

Wenn Grünes bisher eine eher untergeordnete Rolle in Ihrer Ernährung gespielt hat, beginnen Sie am besten in kleinen Schritten. Kreieren Sie einen fruchtigen Smoothie und fügen Sie nur einige Blätter Spinat hinzu. Erhöhen Sie die Menge über mehrere Wochen, bis sich Ihre Geschmacksnerven an einen tiefgrünen Smoothie gewöhnt haben. Gehen Sie ähnlich bei gemischten Salaten und auch bei Säften vor. Für Grünzeug-Beginner bieten sich zudem vor allem die milderen Sorten wie Spinat und Feldsalat an.

In großer Menge: Obst und Gemüse

Frisches Obst und knackiges Gemüse, das ist essbare Lebenskraft in pflanzlicher Form. Deshalb stellt es auch die unabdingbare Mehrheit bei der rohköstlichen Ernährung dar. Je mehr aus dieser Rubrik das alltägliche Essen ausmacht, desto mehr Platz nehmen auch Gesundheit, Fitness und Wohlbefinden in unserem Leben ein.

Was und wie viel sollte konsumiert werden?

Die Kategorie der unbegrenzten Möglichkeiten: Versuchen Sie am besten, täglich Obst und Gemüse in verschiedenen Farben zu konsumieren, da mit der Färbung auch ein Spektrum an bestimmten Nährstoffen einhergeht. Roh ungenießbar sind glücklicherweise auch nur sehr wenige Gemüsesorten, vor allem grüne Bohnen und Kartoffeln sowie große Mengen an Rhabarber.

Eine Mengenvorgabe ist für Obst und Gemüse bei einer stark rohköstlichen Ernährung nicht notwendig. Insgesamt sollte diese Kategorie mindestens die Hälfte, im Idealfall zwei Drittel Ihrer Ernährung ausmachen. Wenn Sie bisher eher wenig Obst und Gemüse essen, versuchen Sie alle zwei bis drei Tage etwas Neues auszuprobieren, sei es eine unbekannte Apfel- oder Tomatensorte oder eine bisher gemiedene Gemüseart. So sorgen Sie zugleich für abwechslungsreichen und vielfältigen Genuss.

Sonderfall Trockenfrüchte

Sie bilden die einzige Ausnahme vom regellosen Schlemmen. Denn Sie sollten nicht zu

TIPP

OBST UND GEMÜSE REINIGEN

Bei konventionellem Obst und Gemüse befinden sich meist Rückstände giftiger Pflanzenschutzmittel auf der Oberfläche. Aber auch Biolebensmittel können mit Abgasen oder Bakterien belastet sein. Deshalb sollte alles vor dem Verzehr gründlich gewaschen werden.
Anstatt das Obst und Gemüse aber in Wasser einzuweichen und dabei wertvolle wasserlösliche Vitamine zu verlieren, können Sie Rückstände mit einem selbst gemachten Reiniger entfernen, am besten kurz vor dem Verzehr. Ein solcher Obst- und Gemüsereiniger ist ganz leicht selbst herzustellen:
1 EL Apfelessig
1 EL Zitronensaft
200 ml Wasser
Zutaten gründlich mischen und in eine Sprühflasche füllen. Obst und Gemüse vor dem Verzehr komplett mit dem Reiniger besprühen. Lassen Sie ihn für ein paar Sekunden einwirken und spülen Sie ihn dann mit reichlich Wasser ab.

viel von diesen süßen Snacks naschen, auch wenn sie noch so verführerisch sind. Mehr als eine Handvoll am Tag sollte es nicht sein.

Worauf Sie beim Kauf achten sollten

Große Früchte sind häufig wässriger als kleineres Obst, das mit einem vollen Aroma statt perfekter Form trumpft. Bei vielen Früchten wie zum Beispiel Mangos, Ananas und Melonen ist der Geruch ein guter Indikator für Aroma und Reife.
Anders bei Gemüse: Gutes Gemüse ist meist an einem frischen Äußeren zu erkennen. Karotten, die sich biegen lassen, matschige Tomaten und gelb blühender Brokkoli – nein danke! Einige Sorten wie Spargel, Auberginen und Zucchini sollten Sie nur jung kaufen, da sie alt oft zäh sind. Auch wenn das meiste Obst und Gemüse mittlerweile ganzjährig erhältlich ist, lohnt es, sich aus dem Internet einen Saisonkalender auszudrucken und in der Küche aufzuhängen. Saisonales Obst und Gemüse bringt höchste Qualität zum kleinsten Preis und ist auch ökologisch die sinnvollste Wahl.

Vollwertige Begleitung: Sprossen und Keime

Roh können weder Hülsenfrüchte noch Getreidesorten verzehrt werden. Das Keimen macht sie jedoch genießbar, vervielfältigt ihren Nährwert und erhöht ihre Verdaulichkeit. Nur Kidneybohnen sind für die Rohkost tabu. Infos zum Keimen finden Sie im hinteren Buchumschlag.

Gute Alternativen

Bei Glutenunverträglichkeit muss nicht vollständig auf Getreide verzichtet werden – das gilt für Koch- wie für Rohkost. Gekeimter Quinoa oder Wildreis sind hochwertige Alternativen zu Weizen und Co. Auch Pseudogetreide wie Buchweizen und Amaranth keimt sehr schnell und ist glutenfrei.

Was und wie viel sollte konsumiert werden?

Getreide und Hülsenfrüchten muss man genügend Zeit zum Keimen einräumen, um Blähungen und Unwohlsein zu vermeiden. Aufgrund des hohen Proteingehalts sollte außerdem auf die richtige Lebensmittelkombination geachtet werden ▸ **siehe Seite 49**. Diese Nahrungsmittel lassen sich am besten mit Gemüse zubereiten, so kann sie der Körper gut verarbeiten. Eine Mahlzeit täglich, die zu einem Drittel aus Dinkelsprossen, gekeimtem Quinoa oder Kichererbsenkeimlingen besteht, ist ideal.

Worauf Sie beim Kauf achten sollten

Getreide kaufen Sie am besten stets als volles Korn, da es auf diese Weise nicht so schnell ranzig wird. Konventionelle Getreidesorten und Hülsenfrüchte sind häufig zu stark behandelt, um zu keimen. Auch deswegen sollten Sie möglichst auf Bioqualität achten. Bei Reis sollten Sie wilden und nicht braunen Reis kaufen, da brauner Reis nicht ausreichend keimt. Reis braucht mindestens drei bis vier Tage, bevor er als Keimling genießbar ist. Alternativ kann Dinkel oder Kamut verwendet werden, deren Konsistenz an gekochten Reis erinnert.

Kleine Kraftpakete: Nüsse und Samen

Ähnlich wie Getreide und Hülsenfrüchte enthalten sie viel Protein. Ihr höherer Gehalt an gesunden Fetten macht sie jedoch zu absoluten Kraftpaketen, die auch in Belastungssituationen genügend Energie liefern.

TIPP

EINWEICHEN

Nüsse und Samen besitzen Enzymhemmer, die ihre Verdaulichkeit erschweren. Erst beim Keimen hebt sich ihre Wirkung auf. Weichen Sie Nüsse und Samen deshalb abends in der doppelten Menge Wasser ein. Am nächsten Morgen abgießen und gründlich durchspülen. Ausreichend trockene Nüsse halten sich danach mehrere Tage im Kühlschrank.

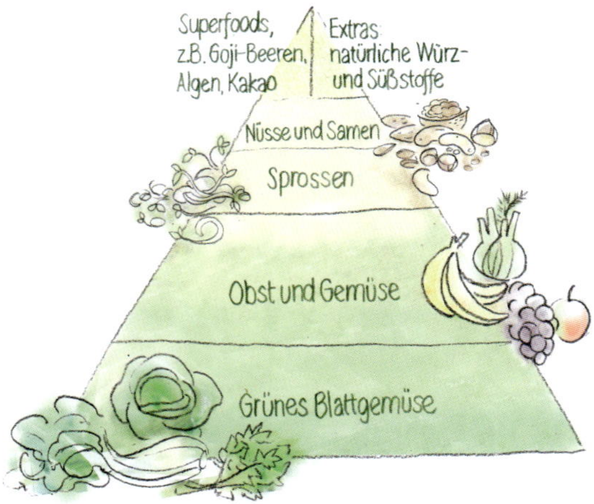

Hier sehen Sie auf einen Blick, wie viel wovon die Rohkost ausgeglichen macht.

Was und wie viel sollte konsumiert werden?

Bedenken Sie beim Nusskonsum, dass es sich um sehr energiereiche Kost handelt – also nicht zu viel davon essen. Dennoch sind sie ein wesentlicher Bestandteil von ausgewogener Rohkost. Eine Handvoll Nüsse und Samen am Tag als Snack oder als Zutat eines rohköstlichen Desserts versorgt Sie mit Fetten, Kalorien und Vitalstoffen.

Worauf Sie beim Kauf achten sollten

Nüsse und Samen sollten zugunsten der Nährstoffe weder geröstet noch erhitzt oder gewürzt sein. Außerdem gilt: Nüsse in der Schale halten sich länger als geschälte.

Süß- und Würzstoffe, Essig und Öl

Sie verleihen den Mahlzeiten das gewisse Etwas, verfeinern Salate und bringen die perfekte Süße in jeden rohköstlichen Kuchen oder Nachtisch.

Süßstoffe – Alternativen zu Zucker

Datteln: Sie enthalten neben vielen Ballaststoffen auch Eisen, Magnesium, Vitamin B6 und eine Reihe weiterer wichtiger Vitamine und Mineralien.

Rosinen: Wie Datteln können auch sie als Süßstoff in Rezepten Verwendung finden, in denen die Zutaten mit Küchenmaschine oder Mixer verarbeitet werden.

Agavendicksaft: Ähnelt äußerlich flüssigem Honig. Es handelt sich jedoch um ein rein pflanzliches Süßungsmittel mit sehr niedrigem glykämischem Index und somit einer geringen Auswirkung auf den Blutzuckerspiegel. Da er bei der Gewinnung leicht erhitzt wird, ist Agavensirup nicht zu 100 Prozent roh. Es gibt allerdings auch rohen Agavendicksaft – er kann bei einigen Rohkost-Anbietern online bestellt werden.

Ahornsirup: Er wird bei der Herstellung weit stärker erhitzt als Agavensirup und ist gar nicht in roher Qualität erhältlich. Einigen Rezepten gibt er jedoch einen Extrakick an Süße und Aroma.

Honig: Als Produkt der Bienen ist er naturgemäß nicht vegan. Er wird aber auch von einigen ansonsten vegan lebenden Rohkost-Enthusiasten wegen seiner antibakteriellen Eigenschaften und der Stärkung des Immunsystems geschätzt.

Stevia: Wird auch als Honigkraut bezeichnet, denn die Blätter besitzen eine ungewöhnlich starke, lakritzartige Süßkraft. Stevia enthält Antioxidantien, aber nahezu keine Kalorien. Darüber hinaus fördert es nicht wie Zucker die Kariesbildung, sondern wirkt antibakteriell im Mund.

Salz

Verwenden Sie für Rohkost unbedingt Meersalz oder Himalajasalz. Herkömmliches Speise- oder Tafelsalz wird in Salzbergwerken abgebaut und raffiniert, wobei die in ihm enthaltenen Mineralien entfernt oder reduziert werden. Oft enthält es außerdem noch Zusätze.

Weitere Alternativen: Nama Shoyu, gewissermaßen die Königin unter den Sojasoßen, wäre eine sehr gute Wahl. Sie ist weder pasteurisiert noch erhitzt. Dadurch enthält sie viele Enzyme und Milchsäurebakterien. Sie ist übers Internet sowie in gut sortierten Bioläden erhältlich. Alternativ kann aber natürlich auch gewöhnliche Sojasoße verwendet werden, wobei diese keine Farb- oder Zusatzstoffe enthalten sollte.

Misopaste wird aus fermentierten Sojabohnen, Weizen oder Reis gewonnen. Unpasteurisiert ist sie als gute Salz-Alternative in Asia- oder Bioläden erhältlich.

Frische Kräuter sind ein Genuss, für den Gaumen ebenso wie für die Gesundheit.

Kräuter und Gewürze

Bei Gewürzen sollten Sie besonderen Wert auf natürliche Inhaltsstoffe legen. Geschmacksverstärker und künstliche Aromen sind unnötig, wenn auf hochwertige Ware gesetzt wird. Wenn Sie die Wahl zwischen getrockneten und frischen Kräutern haben, entscheiden Sie sich für den frischen Bund. Viele können in Töpfen oder Kästen auf jedem Küchensims angebaut werden.

Essig

Die meisten gesundheitlichen Vorteile bietet hier der Apfelessig, er ist meist auch der einzige, der wirklich roh ist. Durch die Fermentation von Apfelwein entsteht ein Essig, der mit all den gesunden Nährstoffen trumpfen kann, die auch Äpfel besitzen.
Darüber hinaus wird ihm seit alters her eine stark heilende Wirkung nachgesagt. Er hilft nämlich nicht nur gegen Akne, sondern unterstützt den Körper beispielsweise auch bei der Entgiftung. Getrübt enthält er mehr an Vitalstoffen als gefiltert.

Öle

Raffinierte Öle werden bei hohen Temperaturen von häufig über 200 Grad oder mithilfe von Chemikalien gereinigt, während bei kalt gepressten Ölen durch eine sorgfältige Entfernung von Schalen und Kernen vor dem Pressen eine solche Reinigung nicht notwendig ist. Dadurch bleibt nicht nur ein Mehr an Vitaminen und sekundären Pflanzenstoffen erhalten, sondern auch ein Mehr an gutem Geschmack.
Was in jeder Rohkost-Küche vorhanden sein sollte: Olivenöl als universeller Klassiker, außerdem Kokosöl aufgrund seiner positiven Wirkung auf die Fettverdauung und den Cholesterinspiegel sowie Hanf- oder Leinöl, da sie besonders reich an Omega-3- und Omega-6-Fettsäuren sind.

Superfoods

Bei diesen Lebensmitteln ist der Vitalstoffgehalt außergewöhnlich hoch, eben »super«. Sie enthalten zum Beispiel besonders viel an

Antioxidantien, Vitaminen, Mineralien, Aminosäuren und/oder anderen gesundheitsfördernden Stoffen.

Was und wie viel sollte konsumiert werden?

Superfoods sind, wie der Name schon suggeriert, kein Alltagsessen. Und gerade zum Einstieg in die Rohkost sind sie keineswegs notwendig. Hier lernen Sie dennoch vier wunderbare Superfoods kennen, von denen Sie problemlos einen oder zwei Teelöffel täglich in Ihre Ernährung integrieren können. Erhältlich sind sie in einigen Bioläden sowie über das Internet ▸ siehe Seite 123.

Weizen- und Gerstengras

Getreidegräser besitzen einen extrem hohen Chlorophyll- und Enzymanteil und bestehen zu gut 20 Prozent aus vollwertigem Protein. Forscher haben mehr als 100 Vitalstoffe, Vitamine, Antioxidantien, Enzyme und sekundäre Pflanzenstoffe im Weizengras identifiziert, die unserem Körper zugutekommen. Konsumiert wird es in den meisten Fällen in Form von Saft. Zu Hause kann man einfach pulverisierten Weizen- oder Gerstengrassaft verwenden.

Roher Kakao

Roh enthält die Kakaobohne mehr zellschützende Antioxidantien als Grüner Tee sowie reichlich Mineralien, Omega-6-Fettsäuren und Ballaststoffe.

Die Inhaltsstoffe Phenylethylamine, Anandamid und Tryptophan haben auf den Körper einen ähnlichen Effekt wie Amphetamine und steigern das Glücksempfinden. Außerdem wirkt roher Kakao aufgrund des hohen Koffein- und Theobromingehalt anregend und konzentrationssteigernd.
Koffeinfreie Alternative: Carobpulver. Anders als Kakao besitzt es von Natur aus eine natürliche Süße.

Maca

In Pulverform erreicht uns dieses interessante Superfood aus den Anden. Maca ist das perfekte Anti-Stress-Mittel: Es fördert nämlich die Regeneration der Nebenniere, des Ortes im Körper, an dem Adrenalin produziert wird. Außerdem erhöht es die Ausdauer und soll auch als Aphrodisiakum wahre Wunder bewirken.

Algen

In anderen Kulturen wird die Kraft des Meeres in Algenform seit Jahrhunderten konsumiert. Algen besitzen stark entgiftende Eigenschaften und bestehen zu mehr als der Hälfte aus vollwertigem Eiweiß. Algen werden meist in Pulverform angeboten. Ein Teelöffel täglich genügt als präventives Mittel, um die Regeneration auf der Zellebene und die Entgiftung zu fördern. Mischen Sie pulverisierte Chlorella, Spirulina oder AFA-Algen in ein Glas Orangensaft, wenn Sie den Eigengeschmack etwas mildern wollen.

DER SELBSTVERSUCH

BEREIT FÜR DIE PRAXIS? HIER ERWARTEN SIE TIPPS ZUR VORBEREITUNG AUF DIE ROHKOST-ZEIT SOWIE ZWEI ERNÄHRUNGSPROGRAMME ZUM DURCHSTARTEN.

DIE KÜCHE WIRD ZUM ROHKOST-PARADIES

Mit der Veränderung Ihrer Ernährungsgewohnheiten wandeln sich auch Ihre Küche und Ihr Kaufverhalten. Frische Lebensmittel rücken in den Vordergrund, viele Gänge des Supermarkts werden Sie künftig gar nicht mehr aufsuchen und auch die Mikrowelle oder der Backofen verlieren an Wert.
Eine Zeit voller Frische und Vitalität erwartet Sie. Die nächsten Seiten helfen Ihnen, auch Ihre Küche dafür vorzubereiten.

Die besten Adressen

Die individuellen Einkaufsmöglichkeiten richten sich natürlich nach bestimmten Faktoren: nach der eigenen Mobilität, nach der Wohnlage, dem Budget und nicht zuletzt den Essgewohnheiten. Bei Rohkost ist das nicht anders. Fakt ist: Sie müssen nicht weit fahren oder alles online bestellen, um gut und vollwertig, frisch und lecker zu essen.

Supermärkte und Discounter führen immer häufiger auch Bio- und Fairtrade-Produkte zu erschwinglichen Preisen. Auch für Obst und Gemüse sowie Nüsse und Samen sind sie eine preiswerte Anlaufstelle.
In **Bioläden** gibt es eine große und frische Auswahl an unbehandeltem Obst und Gemüse, hochwertigem Getreide, Nüssen und Samen. Fast alle Geschäfte bieten eine Vielzahl an regionalen und saisonalen Produkten, in vielen Fällen sogar mit wöchentlich wechselnden Angeboten.
Beim **Gemüsehändler** erhalten Sie zwar primär konventionelles Obst und Gemüse, es ist aber der beste Ort für saisonale Erzeugnisse zum günstigen Preis. Oft gibt es hier auch arabische und türkische Produkte wie Tahin (Sesammus) oder getrocknete Feigen in guter Qualität.
Wer auf dem Land lebt oder leicht aus der Stadt herauskommt: In **Hofläden** kann man direkt beim Bauern einkaufen – oder sogar selbst Beeren und Kirschen pflücken. Dann verbindet sich das Einkaufen mit einer schönen Tätigkeit an der frischen Luft.

Drei Rohkost-Einkauftipps

1. WOCHENMARKT

Einkaufen mit Genuss, Vielfalt und persönlichem Kontakt zu Erzeugern.
Tipp: Kurz vor Marktende lassen sich viele Schnäppchen bei konventionellen Produkten wie auch bei Bioware machen.

2. GEMÜSEABO ODER -KISTE

Hier wird Ihnen wöchentlich eine Zusammenstellung von meist saisonalem Obst und Gemüse geliefert oder zur Abholung bereitgestellt. Häufig werden verschiedene Größen von Gemüsekisten angeboten, sodass vom Singlehaushalt bis zur Großfamilie oder WG jeder ein passendes Angebot findet. Die Produkte werden meist direkt von den Biohöfen verpackt, ohne dass der Kunde die Auswahl beeinflussen kann. Es gibt aber mittlerweile

INFO

BIO? LOGISCH!

Biologische Landwirtschaft schont Äcker und Gewässer und gewährleistet somit ihre langfristige und nachhaltige Nutzung. Doch sie kommt nicht nur der Umwelt zugute: Der sparsame Umgang mit Pflanzenschutzmitteln bedeutet, dass Bioobst und -gemüse qualitativ hochwertige Lebensmittel mit minimaler Schadstoffbelastung sind. Gerade bei Rohkost ist dies wichtig, denn mit dem Mehr an frischen Produkten, die Sie konsumieren, nehmen Sie bei konventionellem Anbau leider auch ein Mehr an Pestiziden zu sich – und verringern damit die entgiftende Wirkung rohköstlicher Ernährung.

auch viele Gärtnereien und Höfe, bei denen man sich eine Kiste ganz nach den eigenen Wünschen zusammenstellen kann.
Tipp: Achten Sie darauf, ein Gemüseabo direkt vom Erzeuger zu finden, da häufig auch Großhändler online den Versand von Obst und Gemüse bewerben.

3. FOOD-COOP

Unter diesem Begriff werden eine Reihe von Initiativen gebündelt, die ähnlich wie eine Genossenschaft strukturiert sind. Ob Mitgliederladen, Selbstversorger-Kooperative oder Einkaufsgemeinschaft, die Teilnehmer werden hier stärker involviert als beim herkömmlichen Einkaufen. Obst und Gemüse wird entweder selbst angebaut oder direkt von regionalen Bauernhöfen bezogen und an die Mitglieder verteilt.
Tipp: Coops gibt es mittlerweile in allen Regionen. Vergleichen Sie das Gestaltungsprinzip verschiedener Initiativen, um eine zu finden, die gut zu Ihnen passt.

Ob Terrasse, Balkon oder Fensterbank: Auch auf kleinstem Raum kann essbares Grün gedeihen.

Eigenanbau

Mitunter ist es gar nicht nötig, aus dem Haus zu gehen, um frische Lebensmittel auf den Tisch zu bringen. Kräuter und Tomaten können selbst in der kleinsten Wohnung angebaut werden und mit dem Prinzip von Containergärten wird jeder Balkon zu einer Mini-Farm. Hierbei werden Pflanzensamen nur in Gefäßen gesät und nicht direkt in den Boden. Mit dieser Methode können auch bei Platzmangel die verschiedensten Kräuter- und Gemüsesorten angebaut werden, in Blumenkästen, alten Autoreifen oder sogar aufgeschnittenen Plastikflaschen.
Und wenn Sie doch mehr Platz benötigen: Gemeinschaftsgärten sprießen überall aus dem großstädtischen Boden.

Wildkräuter und Streuobst

Vieles, was frei in der Natur wächst, ist nicht nur kostenlos, sondern auch sehr gesund. Außerdem findet man heute selbst in Großstadtnähe verwilderte Streuobstwiesen, Obstalleen und süße Beerenhecken. Mittlerweile gibt es auch Websites, auf denen Adressen für die wilde Ernte ausgetauscht werden ▸ **siehe Seite 123**.

Das Stärkste aus der Natur

Wildkräuter sind wahre Überlebenskünstler. Sie müssen mit dem Wasser auskommen, was die Natur zur Verfügung stellt, kennen keinen Dünger und setzen sich zugleich gegen eine Unmenge an Konkurrenten durch, um sich an ihrem Standort behaupten zu können. All diese Eigenschaften spiegeln sich in ihrem Nährwert wider: Sie bieten nämlich nahezu alles, was man zum Überleben braucht! So enthalten Brennnesseln zum Beispiel 50-mal so viel Eisen, 30-mal so viel Vitamin C und 20-mal so viel Provitamin A wie Kopfsalat. Und auch der ist ja bekanntlich schon gesund und vitalstoffreich.

Tipps zum Sammeln

Die idealen Fundstellen befinden sich fernab altbekannter Pfade. Halten Sie sich auf der Suche nach wilden Lebensmitteln sowohl von schadstoffreichen Gegenden wie viel befahrenen Straßen und gespritzten Feldern fern als auch von Gebieten, die bei Hundehaltern beliebt sind. An S-Bahn-Dämmen, Waldrändern, Wiesen und Hecken verbergen sich viele kulinarische Schätze.
Beim Sammeln sollten Sie nur Wildkräuter auswählen, die Sie eindeutig identifizieren können. Brennnesseln, Löwenzahn, Brombeersträucher, Kamille, Gänseblümchen, Spitzwegerich und Klee sind kinderleicht zu erkennen und entsprechend sichere Sammelpflanzen. Es gibt zahlreiche Bücher, mit denen Sie allmählich auch unbekannte Wildkräuter für Ihren Tisch entdecken können. Vorsicht ist jedoch bei allem geboten, was Sie nicht kennen, denn auch giftige Pflanzen wachsen in der freien Natur.

Minimale Ausrüstung

Ein kleines Messer oder eine Schere, ein Körbchen oder eine Tüte – und schon kann es losgehen. Wildkräuter bleiben jedoch nur wenige Tage frisch. Deshalb lieber regelmäßig kleine Mengen sammeln und genießen.

Zu jeder Jahreszeit

Wildkräuter sind wirklich hartgesottene Zeitgenossen, viele Sorten trotzen auch dem Frost. Brennnesseln, Löwenzahn oder Sauerklee finden Sie selbst bei Minusgraden unter einer dicken Schneeschicht verborgen. Wer allerdings das Sammeln im Sommer bevorzugt, kann die Kräuter auch trocknen und im Winter für Tees verwenden.

Equipment und Gerätschaften

Die absolut nötigen Küchenhelfer finden Sie auf der nächsten Seite im Überblick. Neben dem unbedingt Nötigen gibt es ein paar hilfreiche Utensilien, die die Arbeit in der Roh-

DIE WICHTIGSTEN HELFER IN DER KÜCHE

Um aus der Küche ein Rohkostparadies zu machen, sind nur wenige Gerätschaften wirklich unabdingbar.

STANDMIXER: *Für eher flüssige Zubereitungen wie Smoothies, Shakes, Dips, Dressings und Suppen. Wichtig: Starker Motor, mindestens 700 Watt, Regler mit verschiedenen Geschwindigkeiten.*

JULIENNE-SCHNEIDER, SPARSCHÄLER UND GEMÜSEHOBEL: *Zum Herstellen von dünnen Gemüsestreifen unterschiedlicher Breite.*

ENTSAFTER: *Zum Entsaften von Obst, Gemüse und grünem Blattgemüse. Wichtig: starker Motor mit mindestens 700 Watt.*

STABMIXER ODER PÜRIERSTAB: *Günstig und gerade für kleine Mengen an Dips und Dressings sowie bei weicherem Obst und Gemüse zum Zerkleinern ideal. Wichtig: Stufenregelung und Metallkopf.*

KÜCHENMASCHINE: *Zum Schneiden, Zerkleinern, Mischen, Pürieren, Häckseln. Wichtig: starker Motor, mindestens 500 Watt.*

MESSER: *Zwei bis drei hochwertige Exemplare genügen: ein gutes Küchenmesser sowie ein großes und ein kleines Gemüsemesser.*

SCHNEIDEBRETTER: *Aus Holz oder Bambus. Wichtig: Nur für Obst und Gemüse benutzen, um Bakterienbildung und Geruchsübertragung zu vermeiden.*

kost-Küche leichter und kreativer machen können. Für den rohen Genuss sind sie gerade beim Einstieg nicht notwendig – wer jedoch Freude am rohköstlichen Lebensstil entwickelt, für den lohnt sich sicherlich die eine oder andere Anschaffung.

Equipment für Rohkost-Fans

Zitruspresse: Eine Zitrone fürs Dressing oder eine Limette für das Dessert können leicht mit der Hand ausgepresst werden. Bei größeren Mengen lohnt sich die Anschaffung einer Zitruspresse.

Mühle oder Mahlaufsatz: Eine der zahlreichen Möglichkeiten, um Nüsse und Samen zu mahlen, ist eine Getreidemühle. Alternativ können Kaffeemühlen beziehungsweise ein Mahlaufsatz für Küchenmaschinen oder Mixer genutzt werden.

Keimgerät: Mit ihm lassen sich in der eigenen Küche vitalstoffreiche Sprossen züchten. Eine genaue Anleitung finden Sie in der hinteren Buchklappe.

Dehydrator oder Dörrgerät: Das Sinnbild von Gourmet-Rohkost. Hier kann man auf mehreren Gittern oder Blechen Obst, Gemüse, aber auch ganze Gerichte schonend erwärmen und trocknen. Das eröffnet Rohköstlern eine größere Spannbreite an Zubereitungsmöglichkeiten. Rohköstliches Brot, Trockenfrüchte, Kekse, Cracker, Chips – mit diesen Geräten ist allerhand Leckeres möglich. Nur Zeit und Geduld ist vonnöten – bei maximal 45 Grad Celsius läuft das Dörrgerät meist mehrere Stunden am Stück.

Eiscrememaschine: Mit ihr wird rohköstliches Eis besonders cremig und die Herstellung zu einem wirklichen Spaß.

TIPP

TROCKNEN OHNE DÖRRGERÄT

Im Sommer können Sie dank Sonnenenergie rohe Köstlichkeiten energieeffizient trocknen: Legen Sie einfach Ihr selbst gemachtes Rohkostbrot oder die Kräcker – Rezepte ab Seite 87 – auf eine feinmaschige Unterlage oder ein Backblech und decken Sie es, wenn nötig, mit einem Seihtuch ab. Im Winter können Sie alternativ das Backblech auf die Heizung stellen. Weniger energiesparend ist es, den Backofen zu verwenden. Dazu wird er auf die niedrigste Stufe gestellt und die Backofentür wird eine Handbreit offen gelassen. Umluft ist dabei das beste »Backprogramm« zum Dörren. Überprüfen Sie bei all diesen Möglichkeiten jedoch alle drei bis vier Stunden den Zustand der trocknenden Nahrungsmittel.

ROHKOST-PROGRAMME FÜR EINSTEIGER

Viele Wege führen nach Rom – und ebenso zur Rohkost. Es gibt keinen Standardeinstieg und auch keine allgemeingültige Gestaltungsart rohköstlicher Ernährung. In der Regel ist jedoch ein Vermeiden von Extremen empfehlenswert. Statt von null auf hundert zur Rohkost zu wechseln, lernen Sie hier eine sanfte Option der Ernährungsumstellung kennen. Häufig kämpft unser Körper aufgrund der bisherigen Ernährung mit Übersäuerung und Ablagerungen. Die beste Möglichkeit, ihn dabei zu unterstützen, ist ein allmählicher Umstieg auf mehr Rohkost.

Der sanfte Übergang

Mehr als alles andere fordert uns Rohkost dazu heraus, uns mit unseren Ernährungsmustern auseinanderzusetzen. Die Entscheidung für eine stark rohköstliche Ernährung geht gegen viele Essensprinzipien, nach denen wir oft seit Jahrzehnten oder gar seit mehreren Generationen leben. Die Vorstellung, auf warmes Essen verzichten zu müssen, schreckt sicherlich viele ab. Doch das Gute ist: Um die Vorteile und die Vielfalt von Rohkost genießen zu können, müssen Sie gar nicht komplett auf gekochte Nahrung und warme Speisen verzichten!

Ihr ganz eigener Weg

Eine ausgewogene rohköstliche Ernährung hält sich von Dogmen fern. Statt starrer Vorgaben betont sie die Rolle individueller Bedürfnisse und Geschmäcker. Dementsprechend gibt es nichts, das per se verboten ist. Bedenken Sie bei jeder Ernährungsentscheidung aber, welche Wirkung sie auf Ihren Körper haben kann. Wer statt eines Salats während der Umstellung dann doch lieber zu Fast Food greift, muss dies allein mit sich selbst und der Verantwortung dem eigenen Körper gegenüber vereinbaren.

Ist die Zeit jetzt reif?

Der Start der Ernährungsumstellung sollte mit Bedacht gewählt werden – nicht dass es am falschen Timing scheitert. Das Roh-

TIPP

ROHKOST SCHRITT FÜR SCHRITT

Dieses Kapitel bietet Ihnen zwei Programme zur Umstellung auf Rohkost, die Sie einzeln oder nacheinander durchleben können. Eine andere Strategie hieße: Ersetzen und Ergänzen. Nehmen Sie sich dabei jede Woche einen bestimmten Bestandteil Ihrer Ernährung genauer unter die Lupe, um herauszufinden, wie Sie ihn rohköstlicher gestalten können. Beginnen Sie am Morgen und arbeiten Sie sich über die Wochen langsam durch den Tag: Ergänzen Sie Ihr Frühstück zum Beispiel um einen grünen Smoothie. Ersetzen Sie einen zuckerlastigen Snack durch frisches Obst und ein paar Nüsse. Ergänzen Sie Ihr Mittagessen um einen großen Salat. Essen Sie vor dem Abendbrot eine rohe Suppe oder zum krönenden Abschluss ein rohköstliches Dessert.
Indem Sie sich jede Woche auf ein bestimmtes Element konzentrieren, finden Sie in Ruhe heraus, welche Rohköstlichkeiten zu Ihnen passen und Ihnen schmecken. Außerdem entdecken Sie beim Herumexperimentieren auch, auf welche kleinen Essenssünden Sie getrost verzichten können und was für Sie ebenbürtige Rohkost-Alternativen sind.

kost-Experiment in einen ohnehin bereits zu vollen Terminkalender zu quetschen, kann weiteren Stress verursachen, für die Psyche, das Zeitmanagement, aber auch den Körper. Im Idealfall sollte es deshalb zu einem Zeitpunkt stattfinden, zu dem Sie genügend Kapazitäten für Veränderung besitzen, sei es aufgrund einer bereits bestehenden Auszeit oder momentan geringer beruflicher und familiärer Belastung.
Die folgenden Seiten bieten Ihnen zwei Einstiegsprogramme und natürlich können die auch in einen eher hektischen Alltag eingebaut werden. Denn die Rohkost überzeugt gerade durch ihre Alltagstauglichkeit und die Möglichkeit, die Ernährung perfekt an die eigenen Bedürfnisse anzupassen. Wichtig ist nur, dass Raum dafür geschaffen wird, wahrzunehmen, wie mehr Rohkost auf den Körper wirkt. Sonst kann eine kurzweilige Detox-Krise in Form von Kopfschmerzen oder schlechter Laune auch leichtfertig als ein Zeichen dafür abgetan werden, dass einem die neue Kost nicht bekommt.

INFO

FASTEN ALS EINSTIEG

Fasten bietet dem Körper eine ganz besondere Auszeit. Durch den Verzicht auf feste Nahrung kann der Verdauungsapparat pausieren, sodass die Regenerierung und Reinigung in den Vordergrund treten. Fasten sollte jedoch nur nach Absprache mit einem Arzt oder Heilpraktiker stattfinden und sich nach einer klaren Anleitung richten, die Sie in zahlreichen Büchern zum Thema finden können.

Fasten- oder Entlastungstage

Der Einstieg in das Rohkost-Programm gelingt weitaus leichter, wenn die Tage zuvor als Vorbereitung genutzt werden. Dies bedeutet: den Körper allmählich entlasten, damit zum einen die Entgiftung gefördert wird und zum anderen der Übergang zur Rohkost möglichst fließend ist. Deshalb ist es empfehlenswert, vorab zwei Entlastungstage oder sogar eine kurze Fastenzeit einzuplanen. So starten Sie anschließend mit voller Energie ins Rohkost-Abenteuer und werden die Zeit umso mehr genießen.
Leichter umsetzbar als eine Fastenzeit sind Entlastungstage. Hierbei wird für mindestens zwei Tage vor Beginn des Rohkost-Programms nur leichte, rein vegetarische Kost gegessen. Zucker, Weizen, Fleisch, Milch- und Fertigprodukte werden vermieden. Obstsalat oder Hirsebrei zum Frühstück, gedünstetes Gemüse und etwas Quinoa oder Naturreis am Mittag, Salat mit Linsensprossen und gekochten Süßkartoffeln oder Karotten zum Abendessen. Alternativ eine wärmende Gemüsesuppe. So oder so ähnlich, mit viel gutem Wasser und Früchten

ZWEI VERLOCKENDE PROGRAMME

Detox- und Lifestyle-Programm machen den Umstieg auf Rohkost zum Genuss.

WAS UNTERSCHEIDET DIE BEIDEN?

Beim Kurzprogramm geht es sieben Tage lang um Entgiftung und Neubeginn. Wenn Sie dann Lust auf Mehr bekommen, kann es noch zwei Wochen weitergehen. Die Übersichten ab Seite 52 bieten dabei auch einen Smoothietag und wenn Sie wollen einen Tag zum Feiern des Erfolgs.

GAR NICHTS GEKOCHTES?

Mindestens zwei Drittel der Nahrung sollten während der Rohkost-Woche(n) auch wirklich aus Rohem bestehen. Das lässt Raum für gekochte Schlemmereien und erschließt zugleich alle gesundheitlichen Vorteile. Wenn Sie ganz auf Rohkost setzen möchten, steht es Ihnen natürlich frei, auch die gekochten Mahlzeiten durch Rohes zu ersetzen.

WELCHE GETRÄNKE SIND ERLAUBT?

Auf Limonaden, Alkohol, Energy-Drinks und gesüßten Fruchtnektar sowie im Idealfall auch Kaffee und Schwarzen Tee sollten Sie verzichten. Dadurch tun Sie Ihrem Körper bereits einen großen Gefallen. Trinken Sie Wasser, Kräutertee und frische Säfte, mindestens zwei Liter über den Tag verteilt.

GIBT ES EINE ROHE ALTERNATIVE FÜR DAS MIKROWELLEN-ESSEN IM BÜRO?

Wenn es schnell gehen soll, können Sie sich morgens einen großen Smoothie machen und mit zur Arbeit nehmen. Auch ein einfacher grüner Salat ist vorab schnell zubereitet. Dressing extra verpacken.

ICH ESSE LIEBER MITTAGS WARM – KANN ICH DIE REZEPTE TAUSCHEN?

Auf jeden Fall. Die Idee hinter der Menügestaltung ist es, schwer verdauliche Mahlzeiten nicht während der produktivsten Phase am Tag zu essen. Stellen Sie die Mahlzeiten aber um, wenn Ihr Alltag es erfordert. Gleiches gilt für die Gerichte: Wenn Sie Nüsse nicht vertragen oder partout keinen Brokkoli mögen, wandeln Sie die Rezepte ab. Ebenso bei Unverträglichkeiten.

WIE GROSS SIND DIE PORTIONEN?

Portionsvorgaben werden Ihnen nicht konstant mitgeliefert. So können Sie sich nach Ihren individuellen Bedürfnissen richten und auf die Signale Ihres Körpers hören. Die Rezepte ab Seite 68 sind für zwei (große) Portionen konzipiert.

zwischendurch, könnten Sie diese Entlastungstage gestalten. Der Übergang zum eigentlichen Rohkost-Programm ist daraufhin ein Leichtes und in der Regel erfolgreicher als bei einem abrupten Einstieg.

Richtig essen

Egal, ob Rohkost oder eine andere Ernährungsform: Die bewusste Auseinandersetzung mit dem Essen beginnt damit, sich Zeit dafür zu nehmen. In unserer hektischen Epoche von Fast Food, Mikrowelle und Online-Updates beim Essen bedeutet das auch, sich gezielt Raum dafür zu schaffen.

Sich ruhig hinsetzen und genießen, das gehört zu einer gesunden Ernährung dazu.

In Ruhe

Egal, was Sie essen, räumen Sie dafür genügend Zeit ein. Betrachten Sie es als ganz persönliche Auszeit, eine Investition in das Auffüllen Ihrer eigenen Energiereserven. Finden Sie einen möglichst ruhigen Ort, vielleicht sogar draußen an der frischen Luft. Schieben Sie die Idee des Multitasking zur Seite und fokussieren Sie sich auf den Akt des Essens, darauf, die Nahrung mit allen Sinnen zu genießen.

Mit vielen kleinen Bissen

Verdauung beginnt im Mund und allein hier können wir aktiv dazu beitragen. Gründliches Kauen sorgt dafür, dass die Nahrung unserem Körper in möglichst leicht verwertbarer Form zugeführt wird.
Kauen Sie deshalb jeden Bissen so lange, bis er zu einem weichen Brei wird. Dadurch nehmen Sie sich auch automatisch mehr Zeit und merken so früher, wann Sie satt sind. Bei fester Nahrung sollten Sie 20 bis 30 Kaubewegungen machen.

Im Einklang mit dem Tagesablauf

Häufig wird empfohlen, die schwerste Mahlzeit am Mittag zu essen. Verdauung benötigt jedoch Energie und davon brauchen wir während des Tages selbst so viel wie möglich. Daher: Beginnen Sie den Tag mit energiereicher, aber schnell verdaulicher Kost in Form von Obst oder Smoothies. Essen Sie zum Mittag etwas kalorienreichere, jedoch noch immer gut verdauliche Kost wie einen großen Salat mit Avocados. Nachmittags können Sie bereits Nüsse als Snack essen und schwerere Kost kann dann in einem frühen Abendessen genossen werden. So haben Sie über den Tag genug Energie für all die Dinge, die Ihr »übriges« Leben prägen. Das Abendessen sollte allerdings mindestens vier Stunden vor dem Schlafengehen liegen. Haben Sie noch kurz vor der Bettzeit Appetit, sollten Sie nur Leichtgewichte wie Obst, Smoothies oder Gemüsebrühe essen.

Gut verdauliche Kombinationen

Proteine, Fette und Kohlenhydrate brauchen sehr unterschiedliche Bedingungen, um optimal verdaut zu werden. Stark proteinhaltige Lebensmittel benötigen beispielsweise ein eher saures Umfeld und werden deshalb primär im Magen zersetzt, während kohlenhydratreiche Nahrung nur in einer basischen Umgebung verdaut werden kann, also zu großen Teilen im Dünndarm. Bei einer für viele typischen Mahlzeit wie Putenbrust (Proteine) mit Pasta (Kohlenhydrate) verzögert sich deswegen die Verdauung beider Bestandteile stark, sodass es zu Gärungsprozessen im Magen kommt.
Die Befolgung einiger weniger Regeln macht die Verdauung und das Leben deutlich leichter. Doch auch dabei gilt: Verlieren Sie die Freude nicht! Sind unsere Intentionen gut und werden sie in unserer Ernährung durch den Fokus auf gesunde Lebensmittel auch umgesetzt, kann der Körper gelegentliche Abweichungen problemlos ausgleichen.

Tipps für die ideale Rohkost

Obst sollte **möglichst allein** oder in Kombination mit Avocado und Blattgemüse gegessen werden. Bei Tomaten, Gurken, Zucchini oder Paprika handelt es sich botanisch ebenfalls um Früchte, da sie Samen tragen. Deshalb sind sie gut mit Obst kombinierbar.
Melonen sollten aufgrund ihrer besonders leichten Verdaulichkeit am besten allein für sich gegessen werden.
Obst nicht sofort als Nachtisch essen, da es sonst im Magen zu gären beginnt, während die schwerere Mahlzeit noch verdaut wird. Im Idealfall Früchte auf leeren Magen essen.
Bei stark proteinhaltigen Lebensmitteln wie Getreidesprossen sollte auf die Zugabe von viel Fett verzichtet werden. Am besten verdaubar sind sowohl Fette als auch Proteine in Kombination mit rohem Gemüse.

Vorräte einkaufen

Wie bereiten Sie sich am besten vor? Es lohnt sich, vor Beginn des Rohkost-Programms viele der länger haltbaren Lebensmittel auf Vorrat zu kaufen. Mit einer Speisekammer voller Rohköstlichkeiten haben

TIPP

SUPERFOODS NACH VORLIEBE

Halten Sie nach Geschmack und Wunsch einige dieser außergewöhnlichen Nährstoffquellen bereit: Weizengraspulver, Spirulina-Algen oder auch getrocknete Gojibeeren.

Sie selbst bei großem Hunger keine Ausrede mehr, um zu Fast Food oder Fertigmahlzeiten zu greifen. Hier eine Basis-Auswahl:

Nüsse, Samen und Trockenfrüchte

Mandeln, Haselnüsse, Walnüsse, Cashews, Trockenfrüchte wie Rosinen, Aprikosen, Datteln, Feigen, Mangos, Ananas, Pflaumen, dazu Sonnenblumenkerne, Sesam, Leinsamen und Hanfsamen.

Zum Keimen

Hier eignen sich Dinkel, Quinoa, Hafer, Buchweizen und Linsen, außerdem Mungobohnen und Alfalfasamen.

Zum Süßen und Würzen

Agavensirup, Rosinen oder Datteln – mehr brauchen Sie nicht unbedingt zum Süßen. Extra natives Olivenöl, Hanf- oder Leinöl, Kokosöl, das wäre die Basis an Fetten.
Zum Würzen kommen beispielsweise hinzu: Apfelessig, Senf, Nama Shoyu oder Sojasoße, Misopaste, Meersalz oder Himalajasalz, frische Pfefferkörner, Cayennepfeffer, Currypulver, Zimt, Knoblauch, Chilischoten, Ingwer, Vanillestangen, Carob- oder rohes Kakaopulver.

Gemüse und Kräuter

Möglichst regelmäßig frisch einkaufen sollten Sie Gemüse wie beispielsweise Spinat, Salatköpfe, Brokkoli, Karotten, Champignons, Stangensellerie, Avocados, Tomaten, Paprikaschoten, Kohlköpfe (Rot-, Weiß-, Grün-, China- oder Spitzkohl). Ebenso Kräuter wie beispielsweise Basilikum, Petersilie, Minze, Dill, Rosmarin.

Obst

Frisch einkaufen sollten Sie auch Obst wie zum Beispiel: Zitronen, Orangen, Äpfel, Bananen, Beeren und Weintrauben.

Körper, Geist und Seele

Körperliches Wohlbefinden kann nicht von geistiger und seelischer Ausgeglichenheit getrennt werden, wie nicht zuletzt die unschöne Auswirkung von Stress auf den Säure-Basen-Haushalt des Körpers belegt. Deswegen sollten Sie die ein oder drei Wochen – je nach Programm – nutzen, um nicht nur gesünder zu essen, sondern auch körperliche Bewegung und geistige Auseinandersetzung mit dem eigenen Körper ins Alltagsgeschehen zu integrieren.

In Bewegung kommen

Das Ernährungsprogramm gelingt umso besser, wenn Sie sich genussvolle Aktivitäten gönnen, und das möglichst täglich. Die Auswahl ist riesig: Spaziergänge, Bergtouren, Walken, Joggen, Yoga, leichtes Hanteltraining, Tanzen, Schwimmen, alles, was Ihnen und Ihrem Körper Freude macht. Beleben Sie neu, was Sie lange nicht mehr gemacht haben, oder entdecken Sie etwas gänzlich Neues für sich.

Notizen sind hilfreich

Als ganzheitliches Programm lädt Sie die Rohkost-Zeit insbesondere ein, sich auch nach innen zu wenden und zu reflektieren, wie es Ihnen geht – momentan, während der Kur und allgemein im Leben. Es ist daher empfehlenswert, in dieser Zeit ein Tagebuch zu führen. Notieren Sie, was Ihnen auffällt, was Ihnen Freude macht oder eher Kummer, wie Sie sich fühlen und wie Ihnen die Rohkost bekommt.
Die Notizen sind nicht nur für die Zeit der Programme selbst wertvoll. Sie können Ihnen in Zukunft auch als Erinnerung daran dienen, wozu Sie mit Willenskraft und der bewussten Entscheidung für Ihre Gesundheit fähig sind. Gerade in Zeiten, in denen sich schlechte Gewohnheiten wieder durchsetzen wollen, können die persönlichen Aufzeichnungen als Motivation dienen.

TIPP

FRAGEN AN SICH SELBST

Eine tägliche Reflexion hilft Ihnen, sich mit Ihrem Wohlbefinden in einem größeren Rahmen zu beschäftigen.
Zum Programm selbst: Was sind Ihre Hoffnungen und Ängste für den Rohkost-Versuch? Was ist Ihr langfristiges Ziel für Ihren Körper? Wie fühlt es sich an, auf Laster zu verzichten oder den Konsum stark zu reduzieren? Was macht Ihnen Freude, was schmeckt Ihnen? Welche Art von Kochnahrung fehlt Ihnen und warum?
Allgemein zu Ihrem Leben: Was sind die Glücklichmacher, was die Energiefresser in Ihrem Alltag? Welche Dinge, Personen, Aktivitäten und Situationen bereiten Ihnen Freude, welche laugen Sie eher aus und tun Ihnen nicht gut?
Und gegen Ende: Was nehmen Sie aus der Rohkost-Zeit mit? Welche Praktiken und Essgewohnheiten möchten Sie beibehalten und langfristig leben?
Viele weitere Fragen und Anregungen für jeden Tag im Rohkost-Programm finden Sie online auf Grüntopia ▸ **siehe Seite 123.**

Detox-Programm

Sieben Tage zum Entgiften – das ist der bestmögliche Start in die Rohkost-Power. Hier finden Sie alle Infos und den kompletten Speiseplan für jeden Tag.

Tag 1

VORBEREITUNGEN

Sprossen brauchen ein bisschen Vorbereitung, Sie werden deshalb täglich an sie erinnert. Heute: 50 g Buchweizen, 50 g Dinkel sowie 4 EL Mungobohnen jeweils extra zum Keimen einweichen.

VITALITÄTSRATING ☐

TIPP

VITALITÄTSRATING

Beenden Sie Ihre Tage mit einem Check, der Ihnen ermöglicht, die Entwicklung Ihres Wohlbefindens über die Dauer des Rohkost-Experiments zu verfolgen. Bewerten Sie auf einer Skala von 1 bis 10, wie vital Sie sich an diesem Tag fühlen. Für diesen Wert können Sie Energielevel, Gesundheitszustand, emotionales Befinden, innere Zufriedenheit und Ausgeglichenheit berücksichtigen.

FRÜHSTÜCK

Trinken Sie ein Zitronenwasser (Saft von 1 Zitrone auf ½ l Wasser). Anschließend gibt es den Bärensnack ▸ **siehe Seite 75**.

MITTAGESSEN

Heute auf dem Plan: Eine Variante der Rohkost-Pasta mit Pesto ▸ **siehe Seite 104**, dazu ein »Do it yourself«-Salat ▸ **siehe Seite 95**.

ABENDESSEN

Gedünstetes Gemüse (zum Beispiel 1 Zucchini und 3 Karotten) mit Rohkost-Pesto vom Mittagessen. Bei großem Hunger gekochtes (Pseudo-)Getreide als Beilage (zum Beispiel Quinoa oder Wildreis).

SNACKS

Obst (zum Beispiel 3 Äpfel und 2 Bananen), Trockenfrüchte (zum Beispiel 1 Handvoll Rosinen und getrocknete Aprikosen). Bei großem Hunger 1 Avocado oder 1 Smoothie. Eventuell 1 Weizengras-Shot. Rühren Sie hierzu einfach 1 bis 2 TL Weizengraspulver in ein Schnapsglas Wasser – für ein Plus an Detox-Effekten und Chlorophyll.

Tag 2

VORBEREITUNGEN

Morgens das Einweichwasser abgießen und die Sprossen zum Keimen befeuchten. Ananas-Sorbet zubereiten ▸ **siehe Seite 116**. Abends Sprossen frisch befeuchten.

VITALITÄTSRATING ☐

FRÜHSTÜCK

Zitronenwasser (wie Tag 1), anschließend Grüner Obstsalat ▸ **siehe Seite 79**.

MITTAGESSEN

Borschtsch ▸ **siehe Seite 91**, dazu ein »Do it yourself«-Salat ▸ **siehe Seite 95**.

ABENDESSEN

Gedünstetes Gemüse (zum Beispiel 1 Stange Lauch, 200 g Champignons und 3 Karotten) mit Gemüse-Hummus ▸ **siehe Seite 84** und grünem Salat. Bei großem Hunger mit gekochten Linsen oder Kichererbsen. Zum Nachtisch: Ananas-Sorbet.

Das Vitalfrühstück für Tag 2: Grüner Obstsalat mit Cashews, Feldsalat und süßen Früchten.

SNACKS

Obst (zum Beispiel 2 Birnen, ⅓ Ananas und 1 Banane), 1 Handvoll Nüsse. Bei großem Hunger könnten Sie zwischendurch auch heute 1 Avocado oder 1 Smoothie genießen. Eventuell 1 Weizengras-Shot.

Tag 3

VORBEREITUNGEN

Sprossen zum weiteren Keimen morgens und abends erneut befeuchten.

VITALITÄTSRATING ☐

FRÜHSTÜCK

Zitronenwasser (wie Tag 1). Anschließend Leichte Apfel-Sellerie-Creme ▸ **siehe Seite 81**, serviert mit einer Handvoll Buchweizensprossen als Topping.

MITTAGESSEN

Curry mit Pastinakenreis ▸ **siehe Seite 107**.

ABENDESSEN

Bereiten Sie sich ein Gemüse-Stir-Fry zu, zum Beispiel: 1 Paprika, 2 Möhren, dazu ½ Zucchini und ½ Kopf Chinakohl in 1 EL Öl anbraten, mit Sojasoße, 1 EL Honig, etwas Knoblauch und Chili abschmecken, dazu Linsen und 1 Handvoll Dinkelsprossen, zudem Grüner Salat mit Dressing nach Wahl ▸ **siehe Seite 95**. Als heutigen Nachtisch: Green Monster ▸ **siehe Seite 117**.

SNACKS

Obst (vielleicht 200 g Erdbeeren, ¼ Wassermelone und 1 Banane), Trockenfrüchte (1 Handvoll getrocknete Mango). Bei großem Hunger zwischendurch 1 Avocado oder 1 Smoothie. Eventuell 1 Weizengras-Shot.

Tag 4

VORBEREITUNGEN

Morgens Sprossen befeuchten. Weißkraut für Gemüse süß-sauer marinieren ▸ **siehe Seite 103**. Abends 50 g Dinkel sowie 4 EL Mungobohnen zum Keimen einweichen.

VITALITÄTSRATING ☐

FRÜHSTÜCK

2 TL Apfelessig und 1 TL Honig (optional) in 0,3 l Wasser einrühren. Dann 1 Glas reines Wasser. Salat aus geschnittenem Obst nach Wahl, mit Agavensirup gesüßt und Leinsamen sowie Rosinen garniert.

MITTAGESSEN

Gemüse süß-sauer ▸ **siehe Seite 103**.

ABENDESSEN

Gedünstetes Gemüse (zum Beispiel 200 g Brokkoli und 100 g Champignons). Dazu Salat aus den restlichen Sprossen, Gurkenscheiben und grünem Salat oder Spinat sowie Honig-Senf-Dressing ▸ **siehe Seite 96**. 1 Handvoll Trockenfrüchte.

SNACKS

Obst (zum Beispiel 3 Nektarinen und 4 Pflaumen), 1 Handvoll Nüsse, Gemüsesticks (zum Beispiel Sellerie oder Mangold) und Glücklichgrüner Dip ▸ **siehe Seite 85**. Bei großem Hunger zwischendurch 1 Avocado oder 1 Smoothie. Eventuell 1 Weizengras-Shot.

Tag 5: Rohkost pur

VORBEREITUNGEN

Morgens Einweichwasser der Sprossen abgießen und Sprossen zum Keimen befeuchten, abends ebenfalls.

VITALITÄTSRATING ☐

FRÜHSTÜCK

Wieder den Apfelessig-Drink (wie Tag 4) trinken. Dazu grüner Smoothie, zum Beispiel Hulk ▸ **siehe Seite 71**.

TIPP

DAS GROSSE PLUS

Noch besser entgiften Sie, wenn Sie sich täglich moderat bewegen. Dabei geben Sie überschüssige Säuren ab. Etwas walken oder joggen, schwimmen oder tanzen – das wäre ideal.

MITTAGESSEN

Salat aus reichlich Spinatblättern, Mungobohnensprossen, 1 geschnittenen Tomate und ein paar Gurkenscheiben. Das Dressing können Sie ganz nach Geschmack und momentaner Lust wählen ▸ **siehe Seite 95**.

ABENDESSEN

Am heutigen Rohkost-pur-Tag ist auch das Menü für den Abend roh: Würzige Tomatensuppe ▸ **siehe Seite 91**. Dazu grüner Salat mit Dressing süß-sauer ▸ **siehe Seite 95**.

SNACKS

Obst (zum Beispiel 2 Birnen, 200 g Erdbeeren und ⅓ Ananas). Bei großem Hunger zwischendurch 1 Avocado oder 1 Gurken-Kiwi-Smoothie ▸ **siehe Seite 69**. Eventuell 1 Weizengras-Shot.

Tag 6: Smoothietag

VORBEREITUNGEN

Sprossen morgens und abends befeuchten.

VITALITÄTSRATING ☐

FRÜHSTÜCK

Apfelessig-Drink (wie Tag 4).

ÜBER DEN TAG VERTEILT

Genießen Sie heute ausschließlich frische Smoothies, entweder aus Ihrer eigenen Küche oder aus einer Smoothie-Bar. Lassen Sie sich bei der Menge ganz einfach von Ihrem Hunger leiten. Dazu reichlich Wasser und Kräutertee trinken.

MÖGLICHES SMOOTHIEMENÜ

Morgens 1 großes Glas Gurken-Kiwi-Smoothie ▸ **siehe Seite 69**. Zwischendurch dann ein doppelter Weizengras-Shot. Mittags Fenchel-O ▸ **siehe Seite 69**. Abends Bärensnack ▸ **siehe Seite 75**. Wenn Sie kein rein flüssiges Tagesmenü haben möchten, ergänzen Sie die Smoothies um einfache Salate und ein paar Stückchen Obst nach Wahl.

Das Mittagessen von Tag 5: Ein grüner Salat mit leuchtend roten Farbtupfern von den Tomaten.

Tag 7

VORBEREITUNGEN

Morgens und abends wie immer die Sprossen befeuchten. Heute endet bereits die erste Woche. Haben Sie Lust weiterzumachen? Wenn Sie das zweiwöchige Programm anschließen, dann sollten Sie am heutigen Abend 50 g Buchweizen, 100 g Dinkel sowie 4 EL Mungobohnen oder Alfalfa zum Keimen einweichen.

VITALITÄTSRATING ☐

FRÜHSTÜCK

Zitronenwasser (wie Tag 1). Danach den Wake-Up-Salat ▸ **siehe Seite 80**.

MITTAGESSEN

Spargelsalat ▸ **siehe Seite 101**.

ABENDESSEN

1 Avocado, gedünstetes Gemüse (zum Beispiel 300 g Rosenkohl und 2 Rote Paprika) und Dinkelsprossen. Beerenstarke Mangocreme ▸ **siehe Seite 117**.

SNACKS

Obst (zum Beispiel 200 g Kirschen, 2 Äpfel und 2 Bananen), dazu Gemüsesticks (zum Beispiel Kohlrabi) mit einer Bollywood-Guacamole ▸ **siehe Seite 84**. Bei großem Hunger ist zwischendurch 1 Smoothie möglich. Eventuell 1 Weizengras-Shot.

Lifestyle-Programm

Eine neue Praxis benötigt 21 Tage, um wirklich zur Gewohnheit zu werden. Hängen Sie also das Lifestyle- an das Detoxprogramm an – und stellen Sie die Weichen für eine langfristige Ernährungsumstellung.

Tag 8

VORBEREITUNGEN

Morgens Einweichwasser der Sprossen abgießen und Sprossen zum Keimen erneut befeuchten. Abends Sprossen frisch befeuchten; zudem 80 g Hafer einweichen.

VITALITÄTSRATING ☐

FRÜHSTÜCK

Zitronenwasser (wie Tag 1). Danach Pina Rohlada ▸ **siehe Seite 70**.

MITTAGESSEN

Zucchini-Misosuppe ▸ **siehe Seite 93**, dazu ein »Do it yourself«-Salat ▸ **siehe Seite 95**.

ABENDESSEN

Gemüsepfanne mit Zucchini, Paprika und Pilzen sowie Couscous, dazu ein grüner Salat mit Avocado-Dressing ▸ **siehe Seite 95**.

SNACKS

Hier ist wieder Obst am allerbesten (zum Beispiel 3 Pfirsiche, ½ Honigmelone und

1 Banane), dazu heute die Goji-Energiebällchen ▸ **siehe Seite 118**. Bei großem Hunger zwischendurch wieder 1 Smoothie nach Wahl. Eventuell 1 Weizengras-Shot.

Tag 9

VORBEREITUNGEN

Morgens und abends sollten Sie auch heute die Sprossen befeuchten.

VITALITÄTSRATING ☐

FRÜHSTÜCK

Bereiten Sie sich heute wieder den Apfelessig-Drink zu (wie Tag 4). Danach Bananen-Haferbrei ▸ **siehe Seite 77**.

MITTAGESSEN

Zucchini-Cannelloni ▸ **siehe Seite 111**, dazu genießen Sie einen grünen Salat mit Dressing nach Wahl ▸ **siehe Seite 95**.

ABENDESSEN

Wie wäre es heute Abend mit Sauerkraut und Kartoffeln? Dazu genießen Sie den Glücklichgrünen Dip ▸ **siehe Seite 85**.

SNACKS

Obst (zum Beispiel 4 Pflaumen, 2 Äpfel und 1 Banane), dazu ein paar Goji-Energiebällchen ▸ **siehe Seite 118**. Bei großem Hunger zwischendurch 1 Avocado oder 1 Smoothie. Eventuell 1 Weizengras-Shot.

> **TIPP**
>
> **REFLEXION HILFT**
>
> Denken Sie daran, Ihr Tagebuch zu nutzen. Das hilft Ihnen nicht nur dabei, die Ernährungsumstellung wirklich beizubehalten. Es verhilft Ihnen auch zu mehr Klarheit bei Ihren Vorlieben: Notieren Sie am besten täglich, was Ihnen heute gut gefallen (und geschmeckt) hat und was Sie über die Kurwochen hinaus beibehalten wollen. Das motiviert zusätzlich.

Tag 10

VORBEREITUNGEN

Morgens und abends die Sprossen wieder gut befeuchten. Morgens außerdem noch 100 g Kichererbsen einweichen.

VITALITÄTSRATING ☐

FRÜHSTÜCK

Apfelessig-Drink (wie Tag 4). Dann Bärensnack ▸ **siehe Seite 75** mit 1 Handvoll Buchweizensprossen garniert.

MITTAGESSEN

Fischfreundliches Sushi ▸ **siehe Seite 108**, Salat aus 2 geraspelten Karotten und Kürbiskern-Orangen-Vinaigrette ▸ **siehe Seite 96**.

ABENDESSEN

Gedünstetes Gemüse (zum Beispiel 300 g Spinat und 100 g Champignons) mit eingeweichten und dann gekochten Kichererbsen.

SNACKS

Obst (zum Beispiel 2 Birnen, 1 Mango und 2 Bananen). Bei großem Hunger zwischendurch 1 Avocado oder 1 Smoothie. Eventuell 1 Weizengras-Shot.

Tag 11

VORBEREITUNGEN

Wieder die Sprossen versorgen. Abends 80 g Quinoa sowie 4 EL Mungobohnen oder Alfalfa zum Keimen einweichen.

VITALITÄTSRATING ☐

FRÜHSTÜCK

Apfelessig-Drink (wie Tag 4). Dann Grüner Obstsalat ▸ **siehe Seite 79** mit Sprossen.

TIPP

KOKOSÖL

Für den nicht rohen Anteil im Tagesplan: Verwenden Sie zum Braten am besten Kokosnussöl. Es ist hoch erhitzbar, leicht verdaulich und es senkt den Cholesterinspiegel.

MITTAGESSEN

Würzige Tomatensuppe ▸ **siehe Seite 91** mit den restlichen Sprossen. Rohkost-Pasta und Pesto nach Wahl ▸ **siehe Seite 104.**

ABENDESSEN

Zucchini-Pfanne, 2 Zucchini mit 1 EL Öl in der Pfanne anbraten, mit etwas Knoblauch, Chili, Salz und Pfeffer abschmecken, dazu Couscous und 1 Handvoll Sprossen. Apfelecken mit Vanillesoße ▸ **siehe Seite 122.**

SNACKS

Obst (zum Beispiel 4 Orangen, 2 Sharon und 1 Banane), Trockenfrüchte (zum Beispiel 1 Handvoll getrocknete Aprikosen und Feigen). Bei großem Hunger zwischendurch 1 Avocado oder 1 Smoothie. Eventuell 1 Weizengras-Shot.

Tag 12

VORBEREITUNGEN

Wieder die Sprossen versorgen.

VITALITÄTSRATING ☐

FRÜHSTÜCK

Zitronenwasser (wie Tag 1). Dann Mandelmilch ▸ **siehe Seite 74** und 2 Bananen.

MITTAGESSEN

Wieder ein köstlicher Salat: Lady in Red – Fruchtiger Feldsalat ▸ **siehe Seite 98.**

ABENDESSEN

Gedünsteter Brokkoli mit gekochten Kartoffeln oder Süßkartoffeln. Dazu Grüner Salat mit Dressing nach Wahl ▸ **siehe Seite 95**. Zum Nachtisch Chia-Pudding mit restlicher Mandelmilch ▸ **siehe Seite 74**.

SNACKS

Obst nach Wunsch (zum Beispiel 3 Äpfel und 500 g Trauben), Gemüsesticks (zum Beispiel Kohlrabi) und Gemüse-Hummus ▸ **siehe Seite 84**. Bei großem Hunger zwischendurch 1 Avocado oder 1 Smoothie. Eventuell auch heute 1 Weizengras-Shot.

Tag 13: Rohkost-Party

VORBEREITUNGEN

Wieder zweimal am Tag die Sprossen versorgen. Abends 60 g Buchweizen einweichen.

VITALITÄTSRATING ☐

FRÜHSTÜCK

Heute zuerst das Zitronenwasser (wie Tag 1). Dann Hulk ▸ **siehe Seite 71**.

MITTAGESSEN

Dreierlei gefülltes Gemüse ▸ **siehe Seite 106**.

ABENDESSEN

Feiern Sie Ihren bisherigen rohköstlichen Erfolg mit Freunden und der Familie – mit Rote-Bete-Carpaccio ▸ **siehe Seite 83**, Wohlfühl-Lasagne ▸ **siehe Seite 112** und Kirsch-Mohn-Eis ▸ **siehe Seite 116** als perfektes Party-Menü für alle. Genießen Sie es im Kreise Ihrer Lieben, dass Sie seit fast zwei Wochen so viel Gutes für Ihre Gesundheit und für Ihre Lebensfreude tun.

SNACKS

Obst (zum Beispiel 3 Äpfel, 200 g Erdbeeren und 1 Banane), Trockenfrüchte (zum Beispiel 1 Handvoll getrocknete Ananas und Rosinen). Bei großem Hunger zwischendurch wieder 1 Avocado oder 1 Smoothie. Eventuell 1 Weizengras-Shot.

Tag 14

VORBEREITUNGEN

Die Sprossen versorgen. Abends 50 g Buchweizen, 80 g Linsen sowie 4 EL Mungobohnen zum Keimen einweichen.

VITALITÄTSRATING ☐

FRÜHSTÜCK

Zitronenwasser (wie Tag 1). Kirsch-Schokoladen-Mousse ▸ **siehe Seite 78**.

MITTAGESSEN

»Do it yourself«-Salat ▸ **siehe Seite 95** mit den restlichen Sprossen. Dieses Mittagessen eignet sich auch ideal zum Mitnehmen auf einen Ausflug – das Dressing sollten Sie dann besser separat einpacken.

Für den Abend von Tag 14: Spinat, Couscous und Goji-Energiebällchen.

ABENDESSEN

Gedünsteter Spinat, Mungobohnensprossen, Sonnenblumenkerne und Couscous; Goji-Energiebällchen ▸ **siehe Seite 118.**

SNACKS

Obst nach Wahl. Eventuell 1 Avocado oder 1 Smoothie, dazu 1 Weizengras-Shot.

Tag 15

VORBEREITUNGEN

Wieder die Sprossen versorgen.

VITALITÄTSRATING ☐

FRÜHSTÜCK

Zitronenwasser (wie Tag 1). Dann Pina Rohlada ▸ **siehe Seite 70.**

MITTAGESSEN

Schlemmer-Wraps ▸ **siehe Seite 113.**

ABENDESSEN

Gemüse-Eintopf mit Linsen.

SNACKS

Obst (zum Beispiel 2 Birnen, 200 g Litschis und 2 Bananen), 1 Handvoll Nüsse. Bei großem Hunger zwischendurch 1 Avocado oder 1 Smoothie. Eventuell 1 Weizengras-Shot.

Tag 16

VORBEREITUNGEN

Die Sprossen versorgen. Morgens das Ananas-Sorbet zubereiten ▸ **siehe Seite 116**.

VITALITÄTSRATING ☐

FRÜHSTÜCK

Zitronenwasser (wie Tag 1). Dann Leichte Apfel-Sellerie-Creme ▸ **siehe Seite 81** mit Buchweizensprossen.

MITTAGESSEN

Portobelli mit Pistazienfüllung ▸ **siehe Seite 86**, dazu Spargelsalat ▸ **siehe Seite 101**.

ABENDESSEN

Borschtsch ▸ **siehe Seite 91**, dazu 300 g Spinat und 2 Paprikaschoten gedünstet und gekochter Kamut. Ananas-Sorbet.

SNACKS

Obst (zum Beispiel 4 Pfirsiche, 200 g Beeren und 1 Banane), Gemüsesticks (zum Beispiel Sellerie oder Karotten) und Bollywood-Guacamole ▸ **siehe Seite 84**. Bei großem Hunger auch heute 1 Avocado oder 1 Smoothie. Eventuell 1 Weizengras-Shot.

Tag 17

VORBEREITUNGEN

Wieder die Sprossen versorgen.

VITALITÄTSRATING ☐

FRÜHSTÜCK

Zuerst wieder den Apfelessig-Drink für den morgendlichen Entgiftungseffekt (wie an Tag 4). Danach gibt es Purple Rain ▸ **siehe Seite 73** und dazu 2 geviertelte Äpfel.

MITTAGESSEN

Kunterbunter Linsensalat ▸ **siehe Seite 100**.

ABENDESSEN

Champignon-Pfanne mit gekochtem Reis und Spinat-Ricotta ▸ **siehe Seite 83**. Green Monster ▸ **siehe Seite 117**.

SNACKS

Obst (zum Beispiel 200 g Weintrauben, ½ Cantaloupe-Melone und 1 Banane), Trockenfrüchte (zum Beispiel 1 Handvoll getrocknete Feigen). Bei zu viel Hunger zwischendurch 1 Avocado oder 1 Smoothie. Eventuell 1 Weizengras-Shot.

TIPP

ZUM ABNEHMEN

Die Ananas im Purple Rain zum Frühstück an Tag 17 ist perfekt zum Abnehmen und zum Entschlacken. Außerdem unterstützt sie die Verdauung eiweißreicher Mahlzeiten.

Tag 18

VORBEREITUNGEN

Sprossen versorgen. Morgens Weißkraut marinieren für Gemüse süß-sauer ▸ **siehe Seite 103**. Abends 4 EL Mungobohnen oder Alfalfasamen zum Keimen einweichen, zudem 300 g Buchweizen einweichen.

VITALITÄTSRATING ☐

FRÜHSTÜCK

Zunächst der Apfelessig-Drink (wie Tag 4). Danach genießen Sie die herrliche Schoko-Sesam-Magie ▸ **siehe Seite 75**.

MITTAGESSEN

Gemüse süß-sauer ▸ **siehe Seite 103** mit den restlichen Sprossen.

ABENDESSEN

1 Paprika, 1 Fenchel, ½ Zucchini und ½ Aubergine in Öl anbraten, mit Sojasoße, 1 EL Honig und Knoblauch würzen, dazu ein grüner Salat mit Dressing nach Wahl ▸ **siehe Seite 95**. Bananenspieße ▸ **siehe Seite 115**.

SNACKS

Obst (zum Beispiel 4 Kiwi, 1 Birne und 2 Bananen), Gemüsesticks (zum Beispiel Sellerie oder Karotten) mit Kräuterdip für Genießer ▸ **siehe Seite 85**. Bei großem Hunger zwischendurch 1 Avocado oder 1 Smoothie. Eventuell 1 Weizengras-Shot.

Tag 19

VORBEREITUNGEN

Wieder die Sprossen versorgen. Vormittags das Morgenmuffel-Granola für die nächsten Tage zubereiten ▸ **siehe Seite 77**.

VITALITÄTSRATING ☐

FRÜHSTÜCK

Apfelessig-Drink (wie Tag 4). Dazu den Wake-Up-Salat ▸ **siehe Seite 80**.

MITTAGESSEN

Rotkohl, Püree und Pilzsoße ▸ **siehe Seite 110**. Dazu ein grüner Salat mit Dressing nach Wahl ▸ **siehe Seite 95**.

ABENDESSEN

Gedünstetes Gemüse (zum Beispiel 2 Stangen Lauch und 1 Aubergine) mit Dinkel und Kürbiskernen.

SNACKS

Obst (zum Beispiel 3 Äpfel, 200 g Kirschen und 1 Banane). Bei echtem Hunger zwischendurch 1 Avocado oder 1 Smoothie. Eventuell 1 Weizengras-Shot.

Tag 20

VORBEREITUNGEN

Wieder die Sprossen versorgen. Das wird für Rohköstler irgendwann eine Gewohnheit.

VITALITÄTSRATING ☐

FRÜHSTÜCK

Zitronenwasser (wie Tag 1). Dann Morgenmuffel-Granola.

MITTAGESSEN

Rote Bete-Carpaccio ▸ **siehe Seite 83**. Nussige Paprikasuppe ▸ **siehe Seite 92**.

ABENDESSEN

Gedünsteter Grünkohl, 2 Paprika und Reis mit den restlichen Sprossen. Beerenstarke Mangocreme ▸ **siehe Seite 117**.

SNACKS

Obst (zum Beispiel 500 g Erdbeeren, 1 Birne und 1 Banane), Trockenfrüchte (1 Handvoll getrocknete Mangos). Bei großem Hunger zwischendurch 1 Avocado oder 1 Smoothie. Eventuell 1 Weizengras-Shot.

Tag 21

VORBEREITUNGEN

Am Vormittag die Superfood-Brownies ▸ **siehe Seite 119** zubereiten.

VITALITÄTSRATING ☐

FRÜHSTÜCK

Auch heute gibt es zuerst das Zitronenwasser mit dem Detox-Effekt (wie Tag 1). Dann Morgenmuffel-Granola.

MITTAGESSEN

Zucchini-Canneloni ▸ **siehe Seite 111**, dazu ein »Do it yourself«-Salat ▸ **siehe Seite 95**.

ABENDESSEN

Gedünsteter Spinat, gekochte Linsen mit Bollywood-Guacamole ▸ **siehe Seite 84**. Superfood-Brownies.

SNACKS

Obst (zum Beispiel 3 Äpfel, ¼ Wassermelone und 1 Banane), Gemüsesticks (zum Beispiel Karotte und Sellerie) mit Bollywood Guacamole. Bei großem Hunger zwischendurch 1 Avocado oder 1 Smoothie. Eventuell 1 Weizengras-Shot.

Das Frühstück, das – einmal vorbereitet – viele Tage lang satt macht: Morgenmuffel-Granola.

Und danach? Rohkost im Alltag

Ob eine Woche Rohkost als Detox oder drei Wochen rohköstlicher Lifestyle, Sie haben das Programm mittlerweile sicherlich erfolgreich abgeschlossen und stehen nun vor der Aufgabe, den Übergang in den Alltag zu gestalten. Das ist letztlich genauso wichtig wie das Programm selbst.

Aus diesen ein oder drei Wochen haben Sie bereits eine Menge Erfahrung gewonnen. Die Zeit hat Ihnen wahrscheinlich verdeutlicht, wann es Ihnen leichtfällt, sich rohköstlich zu ernähren, und wann gesunde Ernährung mit rohem Obst und Gemüse schwierig oder nahezu unmöglich für Sie ist. Sie kennen nun einige Ihrer kulinarisch-rohen Vorlieben und konnten Zubereitungsarten ertesten. Auf diesen Erkenntnissen können Sie aufbauen, um das Ende der Rohkost-Programme in einen Neuanfang zu verwandeln.

Den Übergang zum Alltag gelingen lassen

Die Verlockung kann groß sein, nun innerhalb kürzester Zeit all die Dinge zu genießen, die Sie in den letzten Wochen vermieden haben, von Fast Food über Süßigkeiten bis hin zu Kaffee. Bleiben Sie dran! Behalten Sie so viel aus den Rohkost-Programmen bei, wie es Ihnen Freude bereitet und Ihrer Gesundheit guttut. Ändern Sie die Dinge ab, die für Sie nicht funktionieren, und bauen Sie den Rest des Programms in Ihren Alltag ein. So entsteht ein gesunder Lebensstil, der perfekt auf Sie zugeschnitten ist und den Sie auch langfristig aufrechterhalten können.

Lieber wieder Kochkost?

Ist das Ihre Wahl, können Sie dennoch einiges anders machen als zuvor. Geliebte, aber ungesunde Snacks und Desserts? Betrachten Sie diese einfach als einen seltenen Genuss und halten Sie sich weiterhin primär an Rohkost-Alternativen. Wenn Sie vor jeder Mahlzeit zum Beispiel einen Salat oder eine rohköstliche Suppe essen, haben Sie Ihren Nährstofftank bereits vor der eigentlichen Hauptspeise aufgefüllt und gehen außerdem halb gesättigt an das Gekochte heran.

Das Programm könnte ein wichtiger Meilenstein für Sie sein, nämlich die Chance, Ihren ganz persönlichen Weg gesunder Ernährung zu gehen – mit so viel Rohkost, wie Sie möchten!

Die Freude bewahren

Wenn Sie weiter überwiegend rohköstlich leben wollen, könnten Sie bald auf diesen Satz stoßen: Nicht schon wieder Salat! Wie bei den meisten Dingen im Leben besteht auch bei Rohkost die Gefahr, einer Routine zu verfallen. Die Folge: Unzufriedenheit oder Langeweile. Aber keine Bange, gegen Routine gibt es altbewährte Methoden.

ABWECHSLUNG PUR

Bringen Sie neuen Schwung in Ihr Rohkost-Leben! Probieren Sie bisher unbekannte rohköstliche Lebensmittel, Snacks oder auch Süßwaren aus, versuchen Sie exotische Obst- oder Gemüsesorten (wie Durian, Pitahaya oder Yams) und lassen Sie sich von kreativen Rezepten inspirieren. Rohkost bietet eine solche Fülle an Zutaten, Gerichten und Geschmacksnoten an, dass es allein an uns liegt, sie zu entdecken.

POTLUCKS, ROHKOST-NETZWERKE UND -RESTAURANTS

Wenn wir im persönlichen Umfeld niemanden haben, der ebenfalls ein rohköstliches Leben führt, kann es uns schwerfallen, die Ernährungsumstellung beizubehalten. Die Lösung hierfür ist, andere Rohkost-Begeisterte zu finden und kennenzulernen. Mittlerweile gibt es in und um fast alle Großstädte mindestens einen regelmäßig stattfindenden Potluck. Selbst in Kleinstädten und ländlichen Gegenden ist der Rohkost-Trend längst angekommen. Eine gute Online-Anlaufstelle für Potlucks (siehe Kasten) finden Sie hinten im Anhang des Buches bei den Web-Adressen. Wenn es in Ihrem Ort noch nichts gibt? Dann gründen Sie einfach selbst ein Rohkost-Treffen! Oft reicht schon ein Aushang im Bioladen oder eine E-Mail an umweltbewusste lokale Organisationen, um eine Handvoll begeisterter Rohköstler zusammenzubringen.
Alternativ können Sie die Freude an der Rohkost auch mit Ihrem unmittelbaren Familien- oder Freundeskreis teilen, indem Sie zum Rohkost-Dinner in einem veganen Restaurant mit rohem Angebot einladen. Denn deren Zahl nimmt deutschlandweit glücklicherweise auch stetig zu.

MEIN PERSÖNLICHER TIPP

ROHKOST-TREFFS

Die Idee hinter Rohkost-Potlucks ist einfach: Ein paar Rohkost-Interessierte kommen zum zwanglosen Essen in einer privaten Wohnung oder einem angemieteten Raum zusammen. Jeder bringt eine selbst gemachte Rohköstlichkeit mit, sei es ein Salat, eine rohe Pizza oder Rohkost-Snacks. Was sich aus diesen Zutaten ergibt, ist ganz den Teilnehmern überlassen, aber auf gute Gespräche und anregende Tipps muss man meist nicht lange warten!

REZEPTE ZUM GENIESSEN

VON SÄFTEN UND SMOOTHIES ÜBER DIPS, SNACKS, SALATE, SUPPEN BIS HIN ZU SÄTTIGENDEN HAUPTGERICHTEN UND DESSERTS – DIE HIER VERSAMMELTEN REZEPTE BEWEISEN: ROHKOST IST TATSÄCHLICH KÖSTLICH, BEKÖMMLICH UND ABSOLUT ALLTAGSTAUGLICH.

POWERDRINKS: VITALISIEREND UND LECKER

Die Rezepte in den folgenden Kapiteln sind in der Regel für zwei (große!) Portionen konzipiert. Geteilt macht gesundes Essen einfach noch mehr Spaß! Los geht's mit allerlei »Zaubertränken«: Smoothies, Säfte und Lassis. Lassen Sie sich hierbei von Ihren eigenen Vorlieben leiten. Säfte können beispielsweise durch die Zugabe von mehreren Äpfeln versüßt oder durch einen höheren Gemüseanteil würziger gemacht werden.

Smoothies

Diese Nährstoffwunder sind in den letzten Jahren sehr beliebt geworden. Kein Wunder: Sie sind lecker, leicht und voller wertvoller Inhaltsstoffe. Ihre Konsistenz können Sie beliebig variieren: Je nachdem, wie viel Wasser Sie hinzufügen, entsteht am Ende ein eher cremiger oder ein wässrig dünner Drink – ganz nach Lust und Laune.

Lecker und gesund!

SUNRISE

1 Mango | 100 g Erdbeeren (frisch oder tiefgekühlt) | 1 Blutorange | 1 Banane | 1 TL Agavensirup | ca. 200 ml Wasser

Zubereitungszeit: ca. 10 Min.

1 Mango schälen, Kern entfernen, Fruchtfleisch würfeln. Erdbeeren waschen, Grün entfernen und Beeren halbieren. Blutorange schälen und vierteln. Banane schälen und klein schneiden.
2 Alle Zutaten in den Standmixer geben und zu einem cremigen Drink pürieren.

Detox

GURKEN-KIWI-SMOOTHIE

1 Gurke | 3 Kiwis | 2 Stängel Petersilie | 1 Limette | 2 TL Agavensirup | 5 EL Wasser

Zubereitungszeit: ca. 10 Min.

1 Gurke waschen und grob würfeln. Kiwis schälen, falls konventionell, und vierteln. Petersilie waschen und grob hacken. Limette auspressen.
2 Alle Zutaten in den Standmixer geben und zu einer dickflüssigen Masse verarbeiten. Nach Wunsch mehr Wasser hinzufügen.

Lecker und gesund!

MINZIGER PFIRSICH

3 Pfirsiche | 4 Stängel Minze | 1 Banane | ca. 250 ml Wasser

Zubereitungszeit: ca. 10 Min.

1 Die Pfirsiche waschen, entkernen und vierteln. Die Minze waschen und die Blätter abzupfen. Die Banane schälen und halbieren.
2 Alles in den Mixer geben und zu einer dickflüssigen Masse verarbeiten.

Detox

FENCHEL-O

2 Orangen | ½ Fenchelknolle (ca. 150 g) | 1 Handvoll Feldsalat | 2 TL Agavensirup | ca. 250 ml Wasser

Zubereitungszeit: ca. 10 Min.

1 Orangen schälen und vierteln. Fenchel waschen und klein schneiden. Feldsalat waschen.
2 Alle Zutaten in den Standmixer geben und zu einem cremigen Drink pürieren.

IDEAL ZUM ABNEHMEN

Fenchel-O ist reich an Vitamin C und Antioxidantien. Ähnlich wie der Gurken-Kiwi-Smoothie ist er ideal zum Entgiften und erleichtert das Abnehmen.

Roher Klassiker

PINA ROHLADA

50 g Cashews | ½ Ananas | 1 Banane | 1 junge Kokosnuss (alternativ Kokoswasser im Tetrapack) | 1 EL Agavensirup | 1 EL Kokosöl | Mark von ½ Vanilleschote | ca. 250 ml Wasser

Einweichzeit (optional): 8 Std.
Zubereitungszeit: ca. 10 Min.

1 Cashewkerne möglichst über Nacht einweichen. Morgens das Wasser abgießen und die Cashews kurz abspülen.
2 Die halbe Ananas schälen und grob würfeln. Die Banane schälen und halbieren.
3 Die junge Kokosnuss öffnen und die Flüssigkeit zur Verwendung in ein Gefäß oder direkt in den Standmixer abgießen. Das Kokosfleisch mit einem Löffel herausschaben.
4 Alle Zutaten in den Standmixer geben und zu einer dickflüssigen Masse verarbeiten.

DIE JUNGE KOKOSNUSS

Das Wasser von jungen Kokosnüssen kann mit einem Heilbrunnen verglichen werden. Es ist basisch und voller Elektrolyte, die es auch zum idealen Sportdrink machen. Zu finden sind junge Kokosnüsse vor allem in Asia-Shops.

Lecker und gesund!

SANFTE GÖTTERFRUCHT

50 g Mandeln | 2 Teebeutel Kamillentee oder frische Kamille | 200 ml Wasser | 2 Kakis | 1 Vanilleschote | 2 entsteinte Datteln

Einweichzeit (optional): 8 Std.
Abkühlzeit: ca. 45 Min.
Zubereitungszeit: ca. 10 Min.

1 Die Mandeln möglichst über Nacht einweichen. Morgens das Wasser abgießen und die Mandeln kurz abspülen.
2 Die Teebeutel mit 200 ml kochendem Wasser aufgießen, ca. 5 Min. ziehen lassen und Teebeutel entfernen. Alternativ frische Kamille ebenfalls aufgießen, ziehen lassen und dann abseihen. Den Tee abkühlen lassen.
3 Kakis waschen, vierteln und, falls vorhanden, die Kerne entfernen. Vanilleschote längs aufschneiden und mit einem Messerrücken vorsichtig das Mark herausschaben.
4 Alle Zutaten mit dem Kamillenaufguss in den Mixer geben und pürieren.

KAKI – FRUCHT DER GÖTTER

Die wissenschaftliche Bezeichnung des Kakibaums lautet »Diospyros kaki«, was mit »Götterfrucht« übersetzt werden kann. Sie ist eine der ältesten Kulturpflanzen und wird in ihrer Heimat China seit mehr als 2000 Jahren genossen. Kakis sind reich an Provitamin A, B-Vitaminen sowie Kalium und Phosphor.

Lecker und gesund!

DER HULK

200 g Spinat | ⅓ Ananas | 1 Banane | ½ Apfel | 3 EL Hanfsamen | 1 EL Spirulina oder Weizengraspulver (optional) | ca. 250 ml Wasser

Zubereitungszeit: ca. 15 Min.

1 Spinat gründlich waschen und grob hacken. Ananas schälen und grob würfeln. Banane schälen und halbieren. Den halben Apfel waschen, entkernen und vierteln.

2 Alle Zutaten in den Standmixer geben und zu einer dickflüssigen Masse verarbeiten.

EIN GESUNDER EIWEISSDRINK

Da Hanf zu fast 30 Prozent aus Protein besteht und auch Spinat 3 Gramm Protein pro 100 Gramm liefert, ist dieses Getränk eine gesunde Alternative zum herkömmlichen Proteinshake. Zudem wirkt es positiv auf den Säure-Basen-Haushalt des Körpers und liefert eine große Ladung an Chlorophyll in leicht verdaulicher Form. Der Hulk ist also Gesundheit pur!

Detox

WILDE NEKTARINE

3 Nektarinen | ½ Apfel | 1 Limette | 1 Handvoll Giersch (alternativ Spinat) | 2 TL Agavensirup | ca. 200 ml Wasser

Zubereitungszeit: ca. 10 Min.

1 Die Nektarinen und die Apfelhälfte waschen, entkernen und vierteln. Die Limette auspressen. Den Giersch gründlich waschen, trocken schleudern und grob zerschneiden.

2 Alle Zutaten in den Standmixer geben und cremig pürieren.

Säfte

Säfte enthalten die pure Kraft der verwendeten Obst- und Gemüsesorten – wenn sie frisch hergestellt werden. Das aber geht unkompliziert und schnell mit einem Entsafter. Sie haben keinen im Haus? Dann pürieren Sie Obst und Gemüse mit etwas Wasser und seihen es durch ein Tuch ab. Hierfür eignen sich Seih-, Mull- oder alte Küchentücher. Sind Ihnen einige Säfte anfangs vom Geschmack und von der Wirkung her zu stark, kein Problem: Mischen Sie sie einfach im Verhältnis 2:1 mit Wasser.
Säfte sollten Sie möglichst frisch zu sich nehmen, da sie durch Oxidation schnell an Nährstoffen verlieren. Genießen Sie sie Schluck für Schluck. Kauen nicht vergessen, damit der Saft sich mit Enzymen im Speichel vermischt und dadurch besser vom Körper verarbeitet werden kann.

Kinderleicht und schnell

DURSTLÖSCHER

¼ Wassermelone | 250 g rote Weintrauben

Zubereitungszeit: ca. 10 Min.

1 Das Stück Wassermelone und die Trauben waschen. Die Melone zerschneiden und die Trauben von den Stielen zupfen.
2 Das Obst in den Entsafter geben.

Lecker und gesund!

GEMÜSE-ZAUBER

3 Tomaten | 1 rote Paprika | 2 Karotten (mit oder ohne Grün) | 3 Stangen Sellerie | ½ Bund Petersilie | ½ Zitrone | ½ Süßkartoffel | 2 Knoblauchzehen

Zubereitungszeit: ca. 10 Min.

1 Tomaten, Paprika, Karotten, Sellerie, Petersilie und Zitrone waschen. Paprika halbieren und von den Kernen, dem Stiel und den weißen Trennwänden befreien. Süßkartoffel schälen. Gemüse und Zitrone in Stücke schneiden. Knoblauchzehen schälen.
2 Alles in die Saftmaschine geben.

TIPP

MÖGLICHST BIO

Die Vorteile von unbehandeltem Obst und Gemüse liegen auf der Hand – für die Gesundheit ebenso wie für die Umwelt. Vielleicht wollen oder können Sie nicht alles Bio kaufen. Aber insbesondere Zitrusfrüchte und Melonen sollten aus dieser schonenden Anbauweise stammen. Dann können Sie die Schale nämlich mit entsaften. Gerade bei Wassermelonen stecken 95 Prozent der Nährstoffe genau dort.

Lecker und gesund!

SAFT DER WILDEN KERLE

500 g Wildkräuter wie Löwenzahn, Klee, Brennnessel und Sauerampfer | 2 Orangen | 1 Birne

Zubereitungszeit: ca. 10 Min.

1 Die Kräuter gründlich waschen, die Orangen ebenfalls waschen und achteln. Die Birne waschen, entkernen und vierteln.

2 Alle Zutaten in den Entsafter geben.

FÜR HARTGESOTTENE UND GESUNDHEITSENTHUSIASTEN

Dieser Saft liefert durch die frischen Wildkräuter besonders reichhaltig Mineralien, dazu die vielen Vitamine der Früchte. Der Drink entwässert und wirkt antioxidativ, antimikrobiell und antikarzinogen.

Detox

KLARHEIT UND ENERGIE

1 Gurke | 2 Äpfel | ½ Biozitrone

Zubereitungszeit: ca. 5 Min.

1 Die Gurke, die beiden Äpfel und die halbe Zitrone waschen. Den Apfel entkernen und alles in große Stücke schneiden.

2 Alle Zutaten in die Saftmaschine geben.

Fördert Blutbildung und Lebensfreude

PURPLE RAIN

4 Rote Beten | ⅓ Ananas | 1 Apfel | ¼ Zitrone | 1 kleines Stück Ingwer (ca. 1 cm lang)

Zubereitungszeit: ca. 10 Min.

1 Rote Bete waschen und putzen. Ananas schälen und wenn gewünscht den Strunk in der Mitte entfernen. Zitrone und Ingwer waschen. Alles in größere Stücke zerschneiden.

2 Alle Zutaten in den Entsafter geben.

Weitere Drinks

Getränke aus rohen Zutaten – Sie werden staunen, wie vielfältig die Varianten in Geschmack und Vitalpower sind!

Roher Klassiker

MANGO-LASSI

80 g Cashews | 2 Mangos | 60 g entsteinte Datteln | Mark von 1 Vanilleschote | 400 ml Wasser

Einweichzeit (optional): 8 Std.
Zubereitungszeit: ca. 10 Min.

▲

1 Cashewkerne möglichst über Nacht einweichen. Morgens das Wasser abgießen und die Kerne kurz abspülen.

2 Die beiden Mangos schälen, die Kerne entfernen und das Fruchtfleisch grob würfeln.

3 Gemeinsam mit den Datteln, dem Vanillemark und dem Wasser im Standmixer zu einer cremigen Flüssigkeit verarbeiten.

Roher Klassiker

MANDELMILCH

200 g Mandeln | 60 g entsteinte Datteln | ca. 500 ml Wasser | Mark von 1 Vanilleschote | 1 Prise Salz

Einweichzeit (optional): 8 Std.
Zubereitungszeit: ca. 10 Min.

1 Die Mandeln möglichst über Nacht einweichen. Morgens das Wasser abgießen und die Mandeln kurz abspülen.

2 Alle Zutaten im Standmixer zu einer cremigen Flüssigkeit verarbeiten. Je nach Geschmack kann die Milch direkt getrunken oder für eine feinere Konsistenz durch ein Seihtuch gepresst werden.

BELIEBTE MANDELMILCH

Sie ist der perfekte Ersatz für Kuhmilch und kann für Müsli genauso wie als Grundlage für rohköstliche Eiscremes verwendet werden. Im Kühlschrank hält sie sich bis zu vier Tage. Um Mandelmilch herzustellen, braucht man allerdings Zeit. Wenn in den folgenden

Rezepten Mandelmilch benötigt wird, können Sie auch auf fertige aus dem Bioladen zurückgreifen. Sie ist nicht roh, aber dennoch eine gute Alternative.

Für Gourmets

SCHOKO-SESAM-MAGIE

50 g Cashews | 2 Bananen | 60 g entsteinte Datteln | 2 EL Tahin (Sesammus) | 1 EL Kakao- oder Carobpulver (möglichst roh) | Mark von ½ Vanilleschote | 1 Prise Salz | 1 Prise Zimt | ca. 400 ml Wasser

Einweichzeit (optional): 8 Std.
Zubereitungszeit: ca. 10 Min.

1 Cashews möglichst über Nacht einweichen. Morgens das Wasser abgießen und die Cashews kurz abspülen. Bananen schälen und halbieren.

2 Alle Zutaten in den Standmixer geben und zu einer cremigen Masse verarbeiten.

BESONDERS MINERALIENREICH

Dieser Shake ist die perfekte Variation eines klassischen Kakaogetränks. Außerdem ist er ein wahrer Mineralbooster, besonders reich an Calcium (Sesam) sowie an Magnesium und Kalium (Bananen).

Kinderleicht und schnell

BÄRENSNACK

200 g Himbeeren, frisch oder tiefgekühlt | 2 Bananen | 1 EL Rosinen oder 2 entsteinte Datteln | 2 EL Sonnenblumenkerne | 1 TL Zimt | 300 ml Wasser oder Mandelmilch

Zubereitungszeit: ca. 5 Min.

1 Falls tiefgefrorene Himbeeren verwendet werden, leicht auftauen lassen.

2 Frische Himbeeren waschen und verlesen. Bananen schälen und halbieren.

3 Beeren und Bananen gemeinsam mit allen anderen Zutaten in den Standmixer geben und zu einer dickflüssigen Masse verarbeiten.

ENERGIEFRÜHSTÜCK: DER GUTE START IN DEN TAG

Eine perfekte Morgenmahlzeit ist leicht verdaulich und macht bis zum Mittag satt und fit. Und obendrein schmeckt sie noch himmlisch lecker. Wie beispielsweise der Bananen-Haferbrei: ein wahres Powerfrühstück! Bananen liefern sofort verfügbaren Fruchtzucker und geben Ihnen damit morgens besonders viel Antrieb, um vital in den Tag zu starten. Die Kohlenhydrate im Hafer werden hingegen nur langsam freigesetzt, sodass er Sie mit lang anhaltender Energie versorgt, die Sie sogar bei hoher Belastung gut durch den Tag trägt.

Oder das ideale Rezept für Morgenmuffel: Granola. Einmal zubereitet sollte es für eine Woche reichen. Einfach luftdicht verpackt im Kühlschrank aufbewahren, dann muss die nächsten Tage nur zur Mandelmilch ▸ **siehe Seite 74** gegriffen werden und ein vitalisierendes Frühstück steht auf dem Tisch!

Roher Klassiker

BANANEN-HAFERBREI

80 g roher Hafer | 2 Bananen | 1 TL Zimt | 7 Mandeln | 1 Prise Muskatnuss | 5 EL Wasser | 40 g Rosinen

Einweichzeit: 8 Std.
Zubereitungszeit: ca. 10 Min.

1 Hafer über Nacht einweichen und morgens gründlich abspülen. Die beiden Bananen schälen und halbieren.

2 Alle Zutaten bis auf die Rosinen in der Küchenmaschine zu einem cremigen Brei verarbeiten. Wenn eine etwas weichere Konsistenz gewünscht ist, mehr Wasser hinzufügen.

3 Zum Schluss die Rosinen hinzufügen und nur noch ganz kurz mit der Küchenmaschine in den Brei einmengen.

HAFERKÖRNER STATT HAFERFLOCKEN

Haferflocken werden bei der industriellen Verarbeitung gedämpft und sind deshalb in der Regel nicht roh. Ganze Haferkörner in Bioqualität sind eine gute rohe Alternative. Werden sie lang genug eingeweicht, sind sie sehr gut bekömmlich.

Roher Klassiker

MORGENMUFFEL-GRANOLA

300 g Buchweizen | 5 EL Leinsamen, ganz oder geschrotet | 2 EL Kokosöl | 5 EL Agavensirup | 2 TL Zimt | 1 Prise Muskatnuss | 1 Prise Salz | 2 EL Wasser | 6 EL Sonnenblumenkerne | 6 EL Kürbiskerne | 6 EL Rosinen

Einweichzeit: 8 Std.
Zubereitungszeit: ca. 20 Min.
Dehydrierzeit: 10 bis 12 Std.

1 Buchweizen in mindestens der doppelten Menge Wasser über Nacht einweichen lassen. Morgens abgießen und durchspülen.

2 Leinsamen mahlen, wenn er nicht bereits geschrotet ist. Hierzu entweder Mörser, Küchenmaschine, Mixer mit Mahlaufsatz oder Mühle verwenden. Zum Buchweizen hinzufügen.

3 Falls das Kokosöl hart ist, im Wasserbad schmelzen. Gemeinsam mit Agavensirup, Gewürzen und Wasser zum Buchweizenmix hinzugeben. Kräftig verrühren. Zuletzt die Kerne und Rosinen unterheben.

4 Die Masse auf ein Dörrblech verteilen. Im Dehydrator bei 40° 10 bis 12 Std. trocknen.

5 Am besten mit Mandelmilch genießen.

KEIN DÖRRGERÄT?

Alternativen zum Dehydrator finden Sie auf Seite 43. Das Granola lässt sich aber auch ohne Trocknen genießen: Menge halbieren, Reste im Kühlschrank aufbewahren und innerhalb von zwei Tagen aufbrauchen.

Für Gourmets

KIRSCH-SCHOKOLADEN-MOUSSE

60 g Buchweizen | 1 EL Agavensirup | 150 g Kirschen | 2 EL Hanfsamen | 1 Prise Zimt
Für die Schokoladencreme: ½ Avocado | 1 Banane | 100 g Kirschen | 5 entsteinte Datteln | Mark von ½ Vanilleschote | 2 EL Kakao- oder Carobpulver | 5 EL Wasser

Einweichzeit: 8 Std.
Zubereitungszeit: ca. 20 Min.

1 Buchweizen in mindestens der doppelten Menge Wasser über Nacht einweichen lassen. Morgens das Wasser abgießen und den Buchweizen abspülen. Agavensirup untermischen und zur Seite stellen. Kirschen waschen, halbieren, entsteinen und ebenfalls zur Seite stellen.

2 Für die Creme die halbe Avocado entkernen und das Fruchtfleisch mit einem Löffel herauslösen. Banane schälen und halbieren. Kirschen waschen, halbieren und entsteinen.

3 Alle Zutaten für die Creme im Mixer oder mit dem Pürierstab zu einer dickflüssigen Masse verarbeiten.

4 In ein Glas erst eine Schicht Kirschen, dann eine Schicht Buchweizen und darauf eine Schicht Schokocreme füllen. Wenn nötig, wiederholen. Zum Abschluss Hanfsamen und etwas Zimt über das Mousse streuen.

Detox

GRÜNER OBSTSALAT

8 Cashewkerne | 100 g Feldsalat | 2 Äpfel | 1 Banane | 1 Orange | 1/3 Ananas | weiteres Obst nach Wahl (zum Beispiel 6 Weintrauben oder Erdbeeren) | 2 EL Rosinen

Für das Dressing: 1 kleines Stück frischer Ingwer (ca. 1 cm lang) | 1 Orange | 1 Limette | 1 EL Agavensirup | 1 TL Zimt | 3 EL Wasser

Einweichzeit (optional): 8 Std.
Zubereitungszeit: ca. 15 Min.

1 Cashews möglichst über Nacht einweichen. Morgens abgießen und durchspülen.

2 Feldsalat waschen und trocken schleudern. Anschließend in eine Salatschüssel geben. Obst waschen, gegebenenfalls schälen, entkernen oder entsteinen, dann alles klein schneiden.

3 Obst, Cashewkerne und Rosinen zum Feldsalat geben und durchmischen.

4 Für das Dressing Ingwer sehr klein schneiden oder reiben. Die Zitrusfrüchte auspressen. Agavensirup, Zimt, Ingwer und Wasser hinzufügen und alles gut vermischen.

5 Das Dressing über den Salat geben und alles erneut vermengen. Vor dem Servieren am besten gut durchziehen lassen.

Detox

WAKE-UP-SALAT

2 Äpfel | 1 Gurke | 1 Mango | 2 EL Gojibeeren
Für das Dressing: 1 mittlere Karotte | 1 Stück Ingwer (ca. 1 cm lang) | 1 EL Agavensirup | 3 EL Apfelessig | 3 EL Hanf- oder Leinöl | 3 EL Wasser

Zubereitungszeit: ca. 20 Min.

1 Die Äpfel waschen, entkernen und würfeln. Die Gurke waschen und würfeln. Die Mango schälen, Kern entfernen und Fruchtfleisch grob würfeln. Mit den Gojibeeren in eine Schüssel geben und vermengen.

2 Karotte und Ingwer waschen, klein schneiden oder raspeln. Gemeinsam mit allen anderen Zutaten für das Dressing mit dem Pürierstab oder im Standmixer cremig rühren.

3 Das Dressing über den Salat geben. Gut vermengen und vor dem Servieren am besten noch etwas ziehen lassen.

MACHT FIT UND MUNTER

Dieser Salat ist eine ebenso schmackhafte wie nährstoffreiche Kombination – ideal für den Tagesstart. Vielleicht lassen Sie sich von solchen Rezepten zu eigenen köstlichen Kreationen inspirieren.

Detox

LEICHTE APFEL-SELLERIE-CREME

3 Äpfel | 1 Banane | 2 Stangen Sellerie | ¼ Gurke | 2 TL Agavensirup | 1 TL geriebener Ingwer | 1 Prise Zimt | 3 EL Wasser | 1 EL Sonnenblumenkerne | 1 EL Rosinen

Zubereitungszeit: ca. 10 Min.

1 Die Äpfel waschen, entkernen und vierteln. Die Banane schälen und halbieren. Den Sellerie waschen, putzen und grob schneiden. Die Gurke ebenfalls waschen und würfeln.

2 Alle Zutaten bis auf die Sonnenblumenkerne und die Rosinen in den Standmixer geben und zu einer dickflüssigen Masse verarbeiten.

3 In Schälchen füllen und mit Sonnenblumenkernen und Rosinen garnieren.

APFELMUS MAL ANDERS …

… und deutlich würziger. Die Verbindung von Sellerie und Äpfeln gibt nicht nur das besondere Plus an Geschmack, sie wirkt auch stark basenbildend auf den Körper, sie verhilft ihm wieder in die Säure-Basen-Balance. Damit ist diese Creme das perfekte Detox-Frühstück: ebenso lecker wie gesund.

VORSPEISEN & SNACKS FÜR ZWISCHENDURCH

Ungeniert schlemmen: Leckere Snacks für zwischendurch oder vor der Hauptmahlzeit können durchaus gesund und nahrhaft sein. Da gibt es zum Beispiel Spinat-Ricotta oder Rote-Bete-Carpaccio – ebenso schmackhaft wie nährstoffreich. Oder die Dips, zum Beispiel aus Avocado: Zusammen mit Karotten- oder Gurkensticks, Selleriestangen oder Kohlrabischeiben sind sie der ideale Genuss für unterwegs oder abends gemütlich auf der Couch. Ein besonderes Highlight: rohes Brot und Rohkost-Cracker. Anders als viele herkömmliche Backwaren führen diese rohköstlichen Varianten nicht zu Darmträgheit, sondern regen die Verdauung stark an. Gelüste nach Brot & Co. stillen sie mit Bravour und versorgen Sie zugleich mit vielen Ballaststoffen und ungesättigten Fettsäuren. Spätestens hier wird klar: Die neue Rohkost hat nichts mit Verzicht zu tun.

Roher Klassiker

ROTE-BETE-CARPACCIO

2 Rote Beten mit Grün | 2 EL Aceto-Balsamico (oder als rohe Alternative: 2 EL Apfelessig) | 3 EL Olivenöl | Salz | Pfeffer | ½ Fenchelknolle | 1 Tomate | 1 kleine Karotte | 5 Basilikumblätter
Für die Marinade: 1 EL Agavensirup | 1 EL Olivenöl | 2 EL Apfelessig | 3 EL Wasser | Salz | Pfeffer

Zubereitungszeit: ca. 25 Min.
Marinierzeit: ca. 4 Std.

1 Das Grün von der Roten Bete abschneiden und zur späteren Verwendung zur Seite legen. Die Rote Bete gründlich putzen, waschen, halbieren und in möglichst dünne Scheiben schneiden, am besten mit einem Gemüsehobel. Hierbei können Küchenhandschuhe getragen werden, da die Rote Bete sehr stark färbt.

2 In einem verschließbaren Behälter oder Dressingmixer die Zutaten der Marinade mischen. Über die Rote-Bete-Scheiben gießen und gut verteilen. Zum Marinieren beiseitestellen, möglichst mehrere Stunden oder über Nacht.

3 Blätter der Roten Bete waschen, trocken schleudern und klein schneiden. Für die Vinaigrette Aceto-Balsamico, Olivenöl sowie Salz und Pfeffer miteinander verrühren, über das Grün gießen, mit den Händen einmassieren und den Salat zur Seite stellen.

4 Fenchel und Tomate waschen, klein schneiden, Karotte waschen und raspeln, Basilikumblätter waschen, trocken tupfen und fein hacken.

5 Marinierte Rote-Bete-Scheiben etwas abtropfen lassen und dekorativ auf einem großen Teller anrichten. Das Grün in der Mitte arrangieren, das klein geschnittene Gemüse drum herum platzieren, mit dem Basilikum garnieren und mit Salz und Pfeffer abrunden.

ALTERNATIVES GRÜN

Statt dem Grün der Roten Bete können Sie auch zwei Handvoll Feld- oder Pflücksalat verwenden. Wie immer lassen sich die Rezepte nach Herzenslust variieren.

Roher Klassiker

SPINAT-RICOTTA

200 g Cashews | ½ Tomate | ½ Zitrone | ½ Knoblauchzehe | 2 EL Olivenöl | 4 EL Wasser | Salz | Pfeffer | 1 Handvoll Spinat | 5 Blätter Basilikum

Einweichzeit (optional): 8 Std.
Zubereitungszeit: ca. 15 Min.

1 Cashews möglichst über Nacht einweichen. Morgens abgießen und durchspülen.

2 Tomate waschen, vierteln. Zitrone auspressen. Knoblauch schälen und halbieren. Spinat und Basilikum waschen und trocken tupfen.

3 Alle Zutaten außer dem Blattgrün mit einer Küchenmaschine oder mit einem Pürierstab zu einer cremigen Masse verarbeiten. Den Spinat und die Basilikumblätter hacken und unter die Creme mischen.

Roher Klassiker

GEMÜSE-HUMMUS

1 große Zucchini (ca. 300 g) | 4 getrocknete Tomaten | ½ Knoblauchzehe | ½ rote Paprikaschote | ½ Zitrone | 2 Stängel Blattpetersilie | 3 EL Tahin (Sesammus) | Salz | Pfeffer | 1 Prise Paprikapulver | ca. 2 EL Wasser

Zubereitungszeit: ca. 10 Min.

1 Die Zucchini waschen, putzen und grob schneiden. Die getrockneten Tomaten halbieren. Knoblauchzehe schälen und halbieren. Die Paprikaschote waschen, den Stiel, die Kerne und die weißen Trennwände entfernen, dann das Fruchtfleisch klein schneiden.

2 Zitrone auspressen. Petersilie waschen, trocken schleudern und grob hacken.

3 Alle Zutaten im Standmixer, mit einer Küchenmaschine oder einem Pürierstab kräftig zu einer Creme verarbeiten.

GUT VERDAULICH

Viele Menschen haben Schwierigkeiten mit der Verdauung von Hülsenfrüchten, weswegen der klassische Hummus aus Kichererbsen nicht ideal für sie ist. Dieser Gemüse-Hummus hingegen ist leicht verdaulich. Alternativ können jedoch statt der Zucchini auch drei Handvoll Kichererbsenkeimlinge und drei zusätzliche Esslöffel Wasser verwendet werden.

Lecker und gesund!

BOLLYWOOD-GUACAMOLE

2 Tomaten | 1 große Karotte | ½ mittelgroße Zwiebel | 2 reife Avocados | 1 Limette | ½ Knoblauchzehe | 1 TL Apfelessig | 1 EL Olivenöl | ⅓ Chilischote (nach Geschmack) | 1 TL Currypulver | Salz | 1 TL Agavensirup | Cayennepfeffer | 2 Stängel Koriander

Zubereitungszeit: ca. 15 Min.

1 Tomaten und Karotten waschen und sehr klein schneiden. Zwiebel schälen und würfeln. Die beiden Avocados halbieren und entkernen. Fruchtfleisch aus der Schale lösen und mit einer Gabel zerdrücken. Geschnittenes Gemüse hinzufügen und vermischen.

2 Die Limette entsaften. Die Knoblauchzehe schälen und klein schneiden oder pressen. Mit dem Limettensaft verrühren und gründlich mit Apfelessig und Olivenöl vermengen. Über die Guacamole gießen.

3 Chilischote waschen, halbieren, entkernen und sehr klein schneiden. Zur Guacamole hinzufügen und kräftig verrühren.

4 Die Creme mit Currypulver, Salz, Agavensirup und Cayennepfeffer abschmecken. Koriander waschen, trocken schleudern, klein hacken und über die Guacamole geben.

Lecker und gesund!

GLÜCKLICHGRÜNER DIP

200 g Brokkoli | ½ Karotte | ⅓ Bund Petersilie | ½ Avocado | 1 Knoblauchzehe | 2 TL Hefeflocken | Salz | 1 Prise Muskatnuss | 1 Prise Cayennepfeffer | ca. 6 EL Wasser

Zubereitungszeit: ca. 10 Min.

1 Brokkoli, Karotte und Petersilie waschen. Brokkoli grob in Röschen teilen. Karotte in dicke Scheiben schneiden. Petersilienblätter abzupfen. Avocado schälen, entkernen und vierteln. Knoblauch schälen und halbieren.

2 Alle Zutaten mit einer Küchenmaschine oder mit einem Pürierstab kräftig zu einer cremigen Paste verarbeiten.

Für Gourmets

KRÄUTERDIP FÜR GENIESSER

200 g Mandeln | ½ Bund Basilikum | ½ Bund Oregano | 1 Handvoll Thymian | 1 Handvoll Rosmarin | 1 Handvoll Kresse | 2 EL Hanföl | Salz | Pfeffer | ca. 5 EL Wasser

Einweichzeit (optional): 8 Std.
Zubereitungszeit: ca. 15 Min.

1 Die Mandeln möglichst über Nacht in reichlich Wasser einweichen. Vor der Zubereitung am nächsten Tag das Wasser abgießen und die Mandeln kurz abspülen.

2 Basilikum, Oregano, Thymian, Rosmarin und Kresse waschen, trocken tupfen und von den Stängeln zupfen.

3 Alle Zutaten mit einer Küchenmaschine oder mit einem Pürierstab kräftig zu einer cremigen Paste verarbeiten.

VIELSEITIG ZU GENIESSEN

Diese vier Dips lassen sich mit Gemüsesticks aus Karotten, Stangensellerie, Kohlrabi oder Gurken wunderbar genießen. Sie passen aber auch hervorragend zu Snacks wie den Supercrackern ▸ **siehe Seite 88** oder den entsprechenden Varianten. Und natürlich können Sie mit all Ihrer Fantasie und Entdeckerfreude weitere Dips kreieren.

Für Gourmets

PORTOBELLI MIT PISTAZIENFÜLLUNG

150 g Pistazien | 3 EL Olivenöl | ½ Knoblauchzehe | 1 Handvoll Basilikumblätter | 1 Prise Cayennepfeffer | Salz | 2 EL Wasser | 4 getrocknete Tomaten | 4 Portobelli oder Riesenchampignons

Zum Garnieren: ¼ Zucchini | 8 Basilikumblätter

Einweichzeit (optional): 8 Std.
Zubereitungszeit: ca. 15 Min.

1 Die Pistazien über Nacht einweichen. Morgens Wasser abgießen, Pistazien abspülen.

2 Für die Füllung in der Küchenmaschine alle Zutaten außer den Portobelli und den getrockneten Tomaten zu einer homogenen Masse vermixen. In eine Schüssel umfüllen.

3 Die getrockneten Tomaten sehr klein schneiden und zur Füllung hinzugeben, durchmischen.

4 Pilze entstielen und mit der Creme füllen.

5 Zucchini waschen und mit einem Gemüsehobel oder Sparschäler in feine Scheiben schneiden. Basilikum waschen und trocken schütteln. Die Pilze mit beidem garnieren.

ETWAS KNUSPRIGER

Die gefüllten Pilze können auch noch ein bis zwei Stunden bei 40 Grad getrocknet werden. So bekommen sie mehr Biss.

Für Gourmets

ZWIEBEL-ZUCCHINI-BROT

1 große Zucchini | ½ Knoblauchzehe | 250 g Leinsamen | 2 EL Wasser | 50 g Sonnenblumenkerne | 1 Prise Cayennepfeffer | Salz | 2 mittelgroße Zwiebeln

Zubereitungszeit: ca. 15 Min.
Dehydrierzeit: ca. 5 Std.

1 Zucchini waschen und grob würfeln. Knoblauch schälen und halbieren.

2 50 g Leinsamen zur Seite stellen, den Rest mahlen. Hierzu Mörser, Küchenmaschine, Mixer mit Mahlaufsatz oder Mühle verwenden.

3 Zucchini mit Wasser, Knoblauch und gemahlenem Leinsamen in der Küchenmaschine langsam zu einer cremigen Masse verarbeiten.

4 In eine Schüssel umfüllen. Sonnenblumenkerne und ungeschrotete Leinsamen untermischen. Nach Geschmack würzen.

5 Zwiebeln schälen und in Ringe schneiden. In die Zucchinimasse unterheben.

6 Auf Backpapier oder Dörrbogen streichen, in einer Höhe von gut 0,5 cm gleichmäßig verteilen. Für ca. 3 Std. bei 40° im Trockengerät trocknen. Umdrehen und noch 2 Std. bei gleicher Temperatur dehydrieren.

LECKERE BASIS

Das Brot lässt sich gut mit einem der Dips ▸ **siehe Seite 84** bestreichen oder mit Tomaten- und Avocadoscheiben belegen.

◂

Roher Klassiker

SUPERCRACKER

250 g brauner Leinsamen, ungeschrotet | 2 Tomaten | 2 Stangen Staudensellerie | ½ rote Paprikaschote | ½ rote Zwiebel | ½ Knoblauchzehe | 3 getrocknete Tomaten | 1 Handvoll Basilikum | 2 EL Wasser | 1 Prise Muskatnuss | Salz | Pfeffer

Einweichzeit (optional): 8 Std.
Zubereitungszeit: ca. 15 Min.
Dehydrierzeit: ca. 9 Std.

1 Leinsamen über Nacht einweichen, sie können jedoch auch uneingeweicht verarbeitet werden. Vor der Verwendung das Einweichwasser abgießen und die Samen kurz abspülen.

2 Tomaten und Sellerie waschen, putzen und grob schneiden. Paprika waschen, entkernen, Stiel und Trennwände entfernen und das Fruchtfleisch grob schneiden. Zwiebel schälen und würfeln. Knoblauch schälen und halbieren.

3 Alle Zutaten außer den Leinsamen in einer Küchenmaschine vermengen und zerkleinern. Die Hälfte der Leinsamen hinzugeben und alles zu einer geschmeidigen Masse verarbeiten.

4 In eine Schüssel umfüllen, restliche Leinsamen unterrühren. Möglichst dünn, maximal 0,5 cm dick, auf ein Backblech oder einen Dörrbogen streichen. Mit einem Messer oder Teigschaber Linien in den Teig drücken, an denen die Cracker später in Stücke gebrochen werden.

5 Im Trockengerät bei 40° ca. 9 Std. trocknen.

Variante

GOLDENE CRACKER

250 g goldene Leinsamen, ungeschrotet | 2 gelbe Paprikaschote, entkernt, geschnitten | 1 Apfel, entkernt und geschnitten | 1 Prise Chilipulver | 1 TL Curcumapulver | 1 TL Kreuzkümmel | Salz | ca. 3 EL Wasser

Variante

GRÜNE CRACKER

250 g goldene Leinsamen, ungeschrotet | 200 g Champignons, halbiert | 100 g Spinat, grob gehackt | ½ rote Zwiebel, geschält | 1 Knoblauchzehe, geschält | 1 Prise Chilipulver | 1 Prise Muskatnuss | Salz | Pfeffer | ca. 2 EL Wasser

1 Beide Varianten, für die Goldenen und die Grünen Cracker, werden wie bei den Supercrackern beschrieben zubereitet.

GUT HALTBAR FÜR LANGEN GENUSS

Wenn die Cracker vollständig getrocknet werden, halten sie sich luftdicht verpackt mehrere Wochen. Sie können zudem auch problemlos eingefroren und bei Bedarf später wieder aufgetaut werden. Wenn Sie mehrere Varianten dieses Snacks auf einmal zubereiten, haben Sie Genussvielfalt auf Vorrat – bestens auch für unterwegs.

Variante

PIZZACRACKER

Für den Belag: 4 Tomaten | 3 getrocknete Tomaten | Salz | Pfeffer | Gemüse nach Wahl, zum Beispiel Rucola, Avocado, Champignons | 2 EL Hefeflocken

1 Den Teig wie für die Supercracker angegeben zubereiten, aber etwas dicker aufs Blech streichen und nur ca. 5 Std. trocknen lassen, damit er etwas saftiger bleibt.

2 Die frischen Tomaten waschen, Stielansatz entfernen und Fruchtfleisch vierteln. Zusammen mit den getrockneten Tomaten pürieren, salzen und pfeffern. Auf dem »Pizzaboden« verteilen.

3 Den Boden nun nach Lust und Laune belegen und entweder noch 1 Std. trocknen oder gleich verzehren. Dazu als Parmesanersatz die Hefeflocken aufstreuen.

ALLES IST MÖGLICH

Das Pizzacracker-Rezept beweist, dass bei der Rohkost wirklich auf nichts verzichtet werden muss. Sogar eine bunt belegte Pizza ist möglich! Und das Beste daran: Bei der rohköstlichen Zubereitung bleiben all die wertvollen Nährstoffe im Gemüse und in den Samen enthalten.

SUPPEN: AUCH KÜHL EIN GENUSS

Suppen sind der Inbegriff von »etwas Warmem im Bauch«. Sie werden deshalb meist mit der kühleren Jahreszeit in Verbindung gebracht. Aber auch das ist letztlich nur eine Gewohnheit. Denn viele Suppen sind kalt ebenfalls ein wahrer Hochgenuss! Wenn Sie dabei an Gazpacho denken – es gibt noch viele weitere Suppen, die sich bestens kühl verzehren lassen. Nach einer Zeit im Rohkost-Abenteuer werden Sie an diese Art Suppen so gewöhnt sein, dass Sie sie wahrscheinlich nicht mehr missen wollen. Außer vielleicht im Winter. Dann, aber ebenso im Übergang zur Rohkost, können Sie die Suppen auch leicht erwärmen. Füllen Sie sie dazu in kleine Schüsseln und stellen Sie sie bei 40 bis 45 Grad für eine Stunde in den Dehydrator. Auch im Wasserbad können sie vorsichtig erhitzt werden – aber nicht mehr als bis zu 47 Grad Celsius.

Lecker und gesund!

WÜRZIGE TOMATENSUPPE

500 g Tomaten | 4 Stängel Koriander | 2 Stängel Thymian | 1 Knoblauchzehe | 1 Frühlingszwiebel | ½ Chilischote | 1 Orange (unbehandelt) | 3 getrocknete Tomaten | 1 EL Olivenöl | 5 EL Wasser | 1 Prise Muskatnuss | 1 Prise Kreuzkümmel | Salz | Pfeffer

Zum Garnieren: 4 Cherrytomaten | 2 Stängel Koriander

Zubereitungszeit: ca. 15 Min.

1 Tomaten waschen, Stielansatz entfernen, Fruchtfleisch grob würfeln. Koriander und Thymian waschen, trocken tupfen, Blättchen abzupfen. Den Knoblauch schälen und halbieren. Die Frühlingszwiebel waschen, putzen und grob schneiden. Die Chilischote waschen, halbieren, entkernen und sehr klein schneiden.

2 Orange waschen, halbieren und entsaften. Die Schale von einer Orangenhälfte fein reiben.

3 Alle Zutaten mit einem Standmixer oder einem Pürierstab verarbeiten, bis eine cremige Flüssigkeit entstanden ist.

4 Die Suppe in kleine Schüsseln umfüllen. Cherrytomaten waschen und halbieren. Koriander waschen, trocken tupfen und Blätter abzupfen. Mit beidem die Suppe garnieren.

Bester Immunschutz

ROHKÖSTLICHER BORSCHTSCH

4 Rote Beten | 2 mittlere Karotten | 1½ Orangen | 1 Avocado | 1 Frühlingszwiebel | 2 Stängel Dill | 2 EL Apfelessig | 2 EL Olivenöl | Salz | Pfeffer

Für die Beilage: ½ Rote Bete | ½ Karotte | ½ Avocado | 1 Frühlingszwiebel | 1 Stängel Dill

Zubereitungszeit: ca. 20 Min.

1 Rote Bete und Karotten waschen und putzen. Orange waschen und schälen, zusammen mit der Hälfte der Roten Bete und den Karotten entsaften. Dazu in kleine Stücke schneiden, damit es durch die Öffnung der Saftmaschine passt.

2 Die restliche Rote Bete vierteln und zum frischen Saft geben. Die Avocado halbieren, entkernen und das Fruchtfleisch herauslösen. Zur Roten Bete geben.

3 Frühlingszwiebel waschen, putzen, etwas zerschneiden. Dill waschen, trocken schleudern, Blättchen abzupfen. Beides zusammen mit Essig, Öl, Salz und Pfeffer zur Bete-Mischung geben und im Mixer oder mit einem Pürierstab pürieren. Als Suppe in Schüsseln geben.

4 Für die Beilage Rote Bete und Karotte waschen, putzen und raspeln. Avocado entkernen, Fruchtfleisch herauslösen und würfeln. Frühlingszwiebel und Dill waschen, trocken schleudern und klein hacken. Alles zur Suppe geben.

Für Gourmets

NUSSIGE PAPRIKASUPPE

80 g Walnüsse | 2 rote Paprikaschoten | ½ gelbe Paprikaschote | 2 Tomaten | ½ Knoblauchzehe | ½ Selleriestange | 2 Stängel Blattpetersilie | ½ Zitrone | 3 getrocknete Tomaten | 1 EL Olivenöl | 1 TL Agavensirup | 100 ml Wasser | 1 Prise Paprikapulver | 1 Prise Muskatnuss | Salz | 1 Prise Cayennepfeffer
Zum Servieren: 2 rote Paprikaschoten | ½ gelbe Paprikaschote | 2 Stängel Blattpetersilie | 5 Walnüsse

Einweichzeit (optional): 8 Std.
Zubereitungszeit: ca. 20 Min.

1 Walnüsse möglichst über Nacht einweichen. Vor der Zubereitung das Wasser abgießen und die Nüsse kurz abspülen.

2 Für die Suppe, rote und gelbe Paprika waschen, entkernen, Stielansatz und weiße Trennwände entfernen, Fruchtfleisch grob würfeln. Tomaten waschen, Stielansatz herausschneiden, die Früchte vierteln. Knoblauch schälen und halbieren. Sellerie waschen und grob schneiden. Petersilie waschen, trocken schleudern und grob hacken. Zitrone auspressen.

3 Geschnittenes Gemüse zusammen mit dem Zitronensaft und den übrigen Zutaten für die Suppe im Mixer oder mit einem Pürierstab zu einer cremigen Flüssigkeit verarbeiten.

4 Zum Servieren die zwei roten Paprikaschoten waschen, oben aufschneiden und aushöhlen. Für die Garnitur gelbe Paprika waschen, entkernen, Stielansatz entfernen. Fruchtfleisch in Streifen schneiden. Petersilie waschen, trocken schleudern, hacken. Walnüsse klein hacken.

5 Die ausgehöhlten Paprikaschoten mit der Suppe füllen. Paprikastreifen, Walnüsse und Petersilie darüberstreuen.

Für Gourmets

ZUCCHINI-MISOSUPPE MIT AUSTERNPILZEN

Für die Beilage: 1 EL Nama Shoyu oder Sojasoße | 2 EL Sesamöl | 1 EL Wasser | 150 g Austernpilze | 1 Frühlingszwiebel | 1 Handvoll Alfalfasprossen (2 bis 3 Tage gekeimt, Anleitung in der hinteren Buchklappe)
Für die Suppe: 350 g Zucchini | 1 Stück Ingwer (ca. 1 cm lang) | 1 EL Miso, unpasteurisiert | 3 EL Sesamöl | 1 TL Agavensirup | ca. 250 ml Wasser | 1 Prise Cayennepfeffer

Marinierzeit: mindestens 30 Min.
Zubereitungszeit: 25 Min.

1 Als Erstes aus Nama Shoyu, Sesamöl und Wasser eine Marinade herstellen.

2 Austernpilze in Scheiben schneiden und mit der Marinade begießen. Einmal ordentlich verrühren, damit die Marinade die Pilze vollständig umgibt. Mindestens 30, besser sogar 60 Min. stehen und durchziehen lassen.

3 Frühlingszwiebel waschen, putzen und in feine Ringe schneiden. Mit den Alfalfasprossen als Beilage zunächst zur Seite stellen.

4 Für die Suppe Zucchini waschen und grob in Scheiben schneiden. Ingwerstück vierteln.

5 Alle Zutaten für die Suppe mit einem Pürierstab oder Standmixer zu einer sämigen Creme verarbeiten.

6 Suppe in Schüsseln geben, Frühlingszwiebeln, Sprossen und marinierte Pilze hinzufügen.

NICHT PASTEURISIERT IST AM BESTEN

Die Grundlage von Misopaste sind fermentierte Sojabohnen, Reis oder Weizen. Sie sollten möglichst unpasteurisierte Paste verwenden, da sie aufgrund lebender Bakterienkulturen eine stark probiotische Wirkung und aktive Enzyme aufweist. Sie ist in Asia- und Bioläden erhältlich, eine kleine Packung hält sehr lange vor.

SALATE UND DRESSINGS: KNACKIGE VIELFALT

Salate sind das Herzstück einer rohköstlichen Ernährung – und die möglichen Variationen sind grenzenlos. Die Rezepte hier wollen Ihnen einen ersten verlockenden Vorgeschmack darauf geben. Los geht es mit einem Do-it-yourself-Salat, einer bewährten Bauanleitung für 1001 Salat, die Sie frei nach Ihrem Geschmack abwandeln können. Beispielsweise auch mit unterschiedlichen Dressings. Bei deren Zubereitung, aber auch bei der Herstellung von besonderen Essigen und Ölen, sind der Kreativität keine Grenzen gesetzt! Ein selbst gemachtes Chiliöl, etwas Veilchenessig oder Bärlauchöl geben jedem Salat eine eigene Note. Alles, was Sie hierzu brauchen, sind saubere, verschließbare Glasflaschen oder Einmachgläser, ein paar frische Kräuter sowie hochwertiges Öl oder Essig. Lassen Sie Salate zu einer täglichen Bereicherung Ihres Lebens werden!

Schnell und kinderleicht

DO-IT-YOURSELF-SALAT

100 g grünes Blattgemüse oder Salat (zum Beispiel Batavia, Spinat oder Feldsalat) | 2 Handvoll Fruchtgemüse (zum Beispiel Tomaten, Paprika oder Gurke) | 100 g Wurzelgemüse (zum Beispiel Karotten, Rote Bete oder Radieschen) | Zwiebelgewächse (zum Beispiel 1 Knoblauchzehe, 2 Frühlingszwiebeln oder ½ rote Zwiebel) | 2 EL Samen oder Nüsse (zum Beispiel Walnüsse, Sonnenblumenkerne oder Sesamsamen) | Extras (zum Beispiel 1 kleines Stück Ingwer, 50 g Rosinen oder Gojibeeren) | Dressing nach Wahl

Zubereitungszeit: ca. 10 Min.

1 Blattgemüse waschen, trocken schleudern und gegebenenfalls klein zupfen.
2 Fruchtgemüse waschen, wo nötig putzen und entkernen. Dann klein schneiden und zum Blattgemüse hinzugeben.
3 Wurzelgemüse waschen und putzen, raspeln. Zwiebelgewächse schälen und klein würfeln. Zu den anderen Zutaten hinzugeben.
4 Samen oder Nüsse über den Salat streuen.
5 Extras wo nötig schälen, entkernen, raspeln oder klein schneiden und hinzugeben.
6 Dressing anrühren und über den Salat geben.

Lecker und gesund

DRESSING SÜSS-SAUER

1 Mango | ¼ Apfel | ⅓ Chilischote | 2 Limetten (unbehandelt) | 3 EL Sesamöl | 2 EL Apfelessig | 3 EL Wasser | Salz

Zubereitungszeit: ca. 10 Min.

1 Mango schälen, entkernen und würfeln. Apfel waschen und entkernen, klein schneiden.
2 Chilischote waschen, entkernen und klein schneiden. Limetten auspressen. Gewaschene Schale von einer Limette reiben.
3 Alle Zutaten mit dem Pürierstab mixen, bis eine cremige Konsistenz entsteht.

Nahrhaft und würzig

AVOCADO-DRESSING

1 Avocado | ½ Knoblauchzehe | ½ Zitrone | ½ Chilischote | 2 TL Nama Shoyu oder Sojasoße | 2 TL Hefeflocken | 4 EL Wasser

Zubereitungszeit: ca. 10 Min.

1 Die Avocado halbieren, entkernen, das Fruchtfleisch herauslösen und grob würfeln. Die Knoblauchzehe schälen und nochmals halbieren. Zitrone auspressen. Chilischote waschen, entkernen und sehr klein schneiden.
2 Alle Zutaten mit dem Pürierstab zu einer cremigen Paste mixen.

Süßlich mild

KÜRBISKERN-ORANGEN-VINAIGRETTE

2 Orangen (unbehandelt) | 4 EL Hanföl | 2 EL Kürbiskerne | 2 EL Apfelessig | 2 TL Agavensirup | Salz | Pfeffer

Zubereitungszeit: ca. 10 Min.

1 Orangen waschen und auspressen. Schale von einer Orange reiben.

2 Alle Zutaten mit dem Pürierstab mixen, bis eine cremige Konsistenz entsteht.

Mild und zugleich würzig

HONIG-SENF-DRESSING

½ Avocado | ½ Knoblauchzehe | 3 Stängel Dill | 2 EL Senf | 2 EL Honig | 2 EL Apfelessig | 4 EL Olivenöl | 1 EL Wasser | Salz | Pfeffer

Zubereitungszeit: ca. 10 Min.

1 Avocadohälfte entkernen, das Fruchtfleisch herauslösen und grob würfeln. Den Knoblauch schälen und halbieren. Den Dill waschen, trocken schleudern und grob hacken.

2 Alle Zutaten mit dem Pürierstab so lange mixen, bis eine cremige Konsistenz entsteht.

Nahrhaft und würzig

(BESSER ALS) CAESAR-DRESSING

10 Macadamianüsse | ½ Stiel einer Frühlingszwiebel | 1 ½ Zitronen | ½ Knoblauchzehe | 2 TL Misopaste, unpasteurisiert | 4 TL Apfelessig | 5 EL Olivenöl | 1 EL Hefeflocken | 1 Prise Cayennepfeffer | 1 Prise Muskatnuss | Salz

Einweichzeit (optional): 8 Std.
Zubereitungszeit: ca. 10 Min.

1 Macadamianüsse über Nacht einweichen. Morgens abgießen und durchspülen.
2 Frühlingszwiebel waschen und grob schneiden. Zitronen auspressen. Knoblauchzehe schälen und halbieren.
3 Alle Zutaten mit dem Pürierstab mixen, bis eine cremige Konsistenz entsteht.

Für Gourmets

HIMBEERESSIG

150 g Himbeeren | 500 ml Apfelessig

Zubereitungszeit: ca. 10 Min.
Zeit zum Reifen: 2 bis 3 Wochen

1 Himbeeren waschen und in eine saubere Flasche geben. Essig darübergießen, sodass die Beeren vollständig bedeckt sind.
2 2 bis 3 Wochen an einem hellen, warmen Ort stehen lassen.
3 Den Himbeeressig durch ein Sieb abseihen und auffangen. In die völlig geleerte Flasche zurückgießen. Kühl und dunkel lagern.

Besonders würzig

SCHARFES BÄRLAUCHÖL

3 Knollen Knoblauch | 5 Chilischoten | 2 Handvoll Bärlauch | 500 ml Olivenöl

Zubereitungszeit: ca. 15 Min.
Zeit zum Reifen: mindestens 1 Woche

1 Knoblauch schälen. Chilischoten waschen, entkernen und klein schneiden. Bärlauch waschen und in Stücke schneiden.
2 Alles in Einmachgläser füllen, jedes Glas nur zur Hälfte füllen. Olivenöl darübergießen, sodass alles bedeckt ist. Glas fest verschließen.
3 Mindestens 1 Woche, idealerweise 2 bis 3 Wochen im Kühlschrank ziehen lassen. Filtern und in Flaschen umfüllen.

TIPP

DIE KOMBI MACHT'S

Experimentieren Sie mit eigenen Kreationen! Ein aromatisches Öl sollte dabei mit einem neutralen Essig gepaart werden und umgekehrt. Mit den eingelegten Zutaten können Sie Salate und Suppen würzen.

Detox

LADY IN RED – FRUCHTIGER FELDSALAT

100 g Feldsalat | 1 Birne | 4 EL Pinienkerne
Für das Dressing: 100 g Erdbeeren | 3 EL heller Balsamico- oder Apfelessig | 4 EL Olivenöl | 2 EL Wasser | Salz | Pfeffer

Zubereitungszeit: ca. 10 Min.

1 Feldsalat waschen, verlesen und in eine Schüssel geben. Birne waschen, entkernen und in dünne Streifen schneiden, über den Feldsalat streuen. Pinienkerne hinzufügen.

2 Für das Dressing: Erdbeeren waschen, das Grün entfernen. Alle Zutaten mit dem Pürierstab oder im Mixer mischen und über den Salat geben. Überschüssiges Dressing lässt sich im Kühlschrank aufbewahren.

AUCH FÜR GRÜN-MUFFEL

Ein einfacher und schneller, besonders fruchtiger Salat, der auch für all diejenigen verlockend sein dürfte, die grünes Blattgemüse bisher eher gemieden haben. Feldsalat ist übrigens auffallend reich an Mineralien und Vitaminen, er besitzt zum Beispiel dreimal so viel Vitamin C wie Kopfsalat.

Lecker und gesund!

VITAMINREICHER WINTERSALAT

4 Rote Beten | 1 Apfel | 250 g Hokkaido-Kürbis | 2 Frühlingszwiebeln
Für das Dressing: ½ Zitrone | 2 TL Agavensirup | 2 EL Apfelessig | 3 EL Hanföl | 1 EL Wasser | 1 Prise Cayennepfeffer | Salz
Zum Garnieren: 3 EL Kresse | 1 EL Kürbiskerne | 2 große Blätter Chinakohl

Zubereitungszeit: ca. 15 Min.
Marinierzeit: ca. 15 Min.

1 Rote Bete waschen und putzen. Apfel waschen und entkernen. Kürbis schälen. Alle drei Zutaten reiben. Frühlingszwiebel waschen, putzen und in kleine Röllchen schneiden, hinzugeben und alles locker vermengen.

2 Für das Dressing Zitrone auspressen. Mit den anderen Dressingzutaten kräftig vermischen. Über den Salat geben und möglichst eine Viertelstunde durchziehen lassen.

3 Zum Servieren die Chinakohlblätter waschen, trocken schütteln, auf zwei Teller legen. Je eine Hälfte Salat darauf anrichten.

4 Die Kresse und die Kürbiskerne zum Garnieren über den Salat geben.

Voller Vitamine und Mineralien

REGENBOGEN-SALAT

100 g Babyspinat | 1 Mango | ½ Gurke | ½ rote Paprika | ½ gelbe Paprika | 1 Avocado | 3 Stängel Koriander | 3 Stängel Minze | 50 g Dinkelsprossen (ca. 3 Tage gekeimt, Anleitung in der hinteren Buchklappe) | 3 EL Kürbiskerne

Für das Dressing: 1 Maracuja | 2 TL scharfer Senf | 2 EL Apfelessig | 2 EL Wasser | 1 TL Agavensirup | Salz | Pfeffer | 4 EL Olivenöl

Zubereitungszeit: ca. 20 Min.

1 Babyspinat gründlich waschen, verlesen und in eine Schüssel geben. Mango schälen, Kern entfernen und Fruchtfleisch würfeln.

2 Gurke waschen und würfeln. Paprikaschoten waschen, entkernen, Stielansatz und weiße Trennwände entfernen, Fruchtfleisch in feine Streifen schneiden. Avocado schälen, halbieren, entkernen und ebenfalls in Streifen schneiden. Koriander und Minze waschen, trocken schleudern und fein hacken.

3 Alle Zutaten für den Salat zum Spinat in die Schüssel geben und vermischen.

4 Für das Dressing die Maracuja halbieren, das Innere herauslöffeln und pürieren, anschließend sieben. Das Püree mit Senf, Essig, Wasser, Agavensirup und Gewürzen verrühren. Olivenöl nach und nach unterrühren. Das Dressing über den Salat träufeln.

◄ 

Reich an Protein

KUNTERBUNTER LINSENSALAT

1 Zucchini | 2 Tomaten | 1 gelbe Paprikaschote | 1 Karotte | ½ rote Zwiebel | 2 Frühlingszwiebeln | 3 Stängel Blattpetersilie | 3 Handvoll Linsensprossen (ca. 3 Tage gekeimt, Anleitung in der hinteren Buchklappe)
Für das Dressing: ½ Zitrone | ½ Knoblauchzehe | 2 EL Apfelessig | 2 EL Olivenöl | 1 TL Senf | 1 TL Agavensirup | Salz | Pfeffer
Zum Garnieren: 1 Handvoll Kresse- oder Alfalfasprossen | 1 EL Sonnenblumenkerne

Zubereitungszeit: ca. 15 Min.
Marinierzeit: ca. 60 Min.

1 Zucchini und Tomaten waschen, putzen und würfeln. Paprikaschote waschen, entkernen, Stielansatz und weiße Trennwände entfernen, Fruchtfleisch würfeln. Karotte waschen, putzen und raspeln. Zwiebel schälen und in feine Ringe schneiden. Frühlingszwiebeln waschen, putzen und ebenfalls in Ringe schneiden. Petersilie waschen, trocken schleudern und hacken.

2 Das klein geschnittene Gemüse in einer Schüssel vermengen. Die Linsensprossen hinzufügen und untermischen.

3 Für das Dressing Zitrone und Knoblauch auspressen. Zusammen mit Essig, Öl, Senf, Agavensirup und Gewürzen eine Marinade herstellen, indem die Zutaten kräftig verschlagen werden. Falls nötig etwas Wasser hinzufügen.

◀

4 Salat mit der Marinade vermischen und für mindestens 1 Std. zugedeckt ziehen lassen.

5 Zum Schluss abschmecken und mit Sprossen und Sonnenblumenkernen garnieren.

Detox

BEAUTIFIER-SPARGELSALAT

1 Bund grüner Spargel | 2 Tomaten | ½ Bund Schnittlauch | ½ Stange Sellerie | 1 kleine Knoblauchzehe | ½ Zitrone | 1 EL Kürbiskerne
Für das Dressing: 1 EL Honig | 3 EL Apfelessig | 2 EL Olivenöl | 1 EL Wasser | Salz | Pfeffer

Marinierzeit: mindestens 1 Std.
Zubereitungszeit: ca. 15 Min.

1 Das Dressing zubereiten, indem die Zutaten dafür kräftig verschlagen werden.
2 Spargelstangen schälen. Köpfe abschneiden, Stangen schräg in schmale Scheiben schneiden. Dressing über die Spargelstücke und die Köpfe gießen, alles vermischen und marinieren lassen, idealerweise für 1 bis 2 Std.
3 Tomaten waschen, Stielansatz entfernen, Fruchtfleisch würfeln. Schnittlauch waschen, trocken schleudern und hacken. Sellerie waschen, putzen und in kleine Stückchen schneiden.
4 Geschnittenes Gemüse zum Spargel hinzufügen, leicht untermischen. Knoblauch schälen und zusammen mit der Zitrone über dem Salat auspressen. Alles vermischen.
5 Kürbiskerne hacken, über den Salat streuen.

DER NAME IST PROGRAMM

Reich an Ballaststoffen und zugleich arm an Kalorien – damit ist dieser Salat ein wahrer Schlank- und Schönmacher. Spargel wirkt entwässernd, regt den Stoffwechsel an, stärkt die Nerven und fördert die Blutbildung.

HAUPTGÄNGE: GESUNDER GENUSS

Hier wird es richtig interessant: Ob einfaches »Nudel«-Gericht oder Gourmet-Kunst, die Hauptgänge machen schon beim Zubereiten Spaß. Und lecker sind sie natürlich auch! Vielfältige Zutaten, raffiniert kombiniert und verarbeitet – da kommen Gaumen und Magen, Herz und Seele gleichermaßen auf ihre Kosten. Lassen Sie sich von den hier gezeigten Rezepten anregen, selbst kreativ zu werden. Es ist so viel möglich! Viel zu lange hat sich die Mehrheit der Menschen ausschließlich auf gekochte und gebratene Nahrung konzentriert und dabei zweifellos spannende Zubereitungsarten entwickelt. Rohköstliches wurde eher vernachlässigt. In diesem Bereich warten noch ungeahnte Kombinationen und faszinierende Entdeckungen. Lassen Sie Ihrer Forscherfreude also freien Lauf und genießen Sie Ihr Rohkost-Abenteuer in vollen Zügen.

Lecker und gesund!

GEMÜSE SÜSS-SAUER

3 EL Sesamöl | 2 TL Apfelessig | 2 EL Wasser | 2 TL Agavensirup | Salz | ¼ Weißkrautkopf (ca. 300 g) | ½ Bund Frühlingszwiebeln | 1 Karotte | ½ rote Paprikaschote | ½ gelbe Paprikaschote | ⅓ Ananas | ½ Apfel | 1 kleines Stück Ingwer (ca. 1 cm) | 1 Handvoll Mungobohnensprossen (Keimanleitung in der hinteren Buchklappe) | ½ Chilischote | 1 Prise Kreuzkümmel

Marinierzeit: mindestens 2 Std.
Zubereitungszeit: ca. 20 Min.

1 Mischen Sie aus Öl, Essig, Wasser, Agavensirup und Salz eine Marinade.

2 Kraut waschen, vom Strunk befreien und in feine Streifen schneiden oder hobeln. Marinade über die Krautstreifen gießen und kräftig umrühren, sodass die Flüssigkeit gut verteilt ist. Möglichst 2 bis 3 Std. einwirken lassen.

3 Frühlingszwiebeln waschen, putzen und in kleine Röllchen schneiden. Karotte waschen, putzen und raspeln. Paprika waschen, entkernen, Stielansatz und weiße Trennwände entfernen, Fruchtfleisch in feine Streifen schneiden. Ananas schälen und würfeln. Apfel waschen, entkernen und raspeln. Ingwer fein reiben.

4 Das vorbereitete Obst und Gemüse sowie die Sprossen zum marinierten Kraut hinzufügen. Die Chilischote waschen, entkernen, klein schneiden und untermischen. Mit Kreuzkümmel und Salz nach Geschmack würzen.

MEIN PERSÖNLICHER TIPP

KOHL AUCH ROH GENIESSEN

Gemüse mit einer harten Zellstruktur wie Kohl ist roh leichter verdaulich, wenn es vor dem Verzehr mariniert oder püriert wird. Als Marinade kann auch gut eine ganz einfache Mischung aus zwei Esslöffeln Wasser, zwei Esslöffeln Sojasoße und zwei Esslöffeln Öl verwendet werden. Wichtig ist, den Kohl möglichst lange darin stehen zu lassen, am besten mehrere Stunden oder einfach über Nacht. Marinierter Kohl lässt sich so wunderbar in grüne Salate einarbeiten oder mit geraspelten Möhren genießen.

DER IDEALE WINTER-KICK!

Dieses Gericht ist reich an Vitaminen und allerlei Vitalstoffen. Es eignet sich gerade in der kalten Jahreszeit aufgrund des hohen Vitamin-C-Gehalts sowie der Kombination von Ingwer, Chili und Apfelessig dazu, das Immunsystem nachhaltig zu stärken.

Pasta rohköstlich

ZUCCHINI-BANDNUDELN

2 Zucchini

Zubereitungszeit: ca. 5 Min.

1 Die beiden Zucchini waschen und putzen. Dann mit einem Julienneschäler lange, hauchdünne Steifen daraus herstellen.

2 Mit Pesto oder einer anderen Soße anrichten.

Frühlingspasta

SPARGEL-SPAGHETTI

1 Bund Spargel

Zubereitungszeit: ca. 5 Min.

1 Spargelstangen schälen. Köpfe abschneiden. Mit einem Julienneschäler die Stangen nach und nach in Spaghetti verwandeln.

2 Mit Pesto oder einer Tomatensoße anrichten, dabei mit den Spargelköpfen garnieren.

Roher Klassiker

WILDKRÄUTER-PESTO

½ Knoblauchzehe | 80 g Pinienkerne | ½ Zitrone | 100 g Brennnesseln, Bärlauch oder Brunnenkresse | 100 ml Olivenöl (plus ca. 30 ml zum Abfüllen im Glas) | Salz | Pfeffer

Zubereitungszeit: ca. 15 Min.

1 Knoblauch schälen und halbieren. Zusammen mit den Pinienkernen in der Küchenmaschine zu einem feinen Mehl verarbeiten. Für einen Moment zur Seite stellen.

2 Die halbe Zitrone auspressen. Die Wildkräuter waschen, trocken tupfen und grob hacken. Zusammen mit dem Zitronensaft in die Küchenmaschine geben. Kurz durchmischen.

3 Knoblauch-Pinienkernmehl, Öl und Gewürze hinzufügen. So lange verarbeiten, bis die gewünschte Konsistenz erreicht ist.

4 In ein Schraubglas füllen. Mit weiterem Olivenöl bedecken, damit es länger hält.

TIPP

PASTAVIELFALT ROH

Mit speziellen Gemüseschneidern können lange Spaghetti oder Spaghettini aus Zucchini, Spargel oder Karotten produziert werden. Die Anschaffung ist aber nicht unbedingt notwendig, da auch mit Sparschälern, Gemüsehobeln und Julienne-Schälern schnell und einfach »Gemüsepasta« hergestellt werden kann. Und die ist rundum gesund: glutenfrei, kalorienarm und nährstoffreich!

Angenehm würzig

PISTAZIEN-PESTO ROSSO

80 g getrocknete Tomaten | ½ Knoblauchzehe | 80 g Pistazien, ungesalzen | ½ Zitrone | 4 Basilikumblätter | 100 ml Olivenöl (plus ca. 30 ml zum Abfüllen) | Salz | Pfeffer

Zubereitungszeit: ca. 15 Min.
Einweichzeit: 1 bis 2 Std.

1 Tomaten für 1 bis 2 Std. einweichen.
2 Knoblauch schälen und halbieren. Zusammen mit den Pistazien in einer Küchenmaschine zu feinem Mehl verarbeiten.
3 Zitrone auspressen. Basilikum waschen und trocken schleudern, Blätter abzupfen. Saft sowie Tomaten und Basilikum zum Pistazienmehl in die Küchenmaschine geben. Öl einlaufen lassen, während die Küchenmaschine weiterläuft. Mit etwas Pfeffer und Salz abschmecken.

AUF VORRAT

Beide Pestos, das grüne wie das rote, halten gekühlt und mit Öl aufgefüllt im Schraubglas ein bis zwei Wochen. Sie passen ideal zu den beiden »Pasta«-Varianten.

Lecker und gesund!

DREIERLEI GEFÜLLTES GEMÜSE

5 Champignons | 1 TL Sojasoße | 2 TL Olivenöl | 2 große Tomaten | 2 rote Paprikaschote | 1 mittelgroße Zucchini | 1 Avocado | 1 Knoblauchzehe | ½ rote Zwiebel | ¼ Stange Sellerie | 2 getrocknete Tomaten | 3 Stängel Petersilie | 150 g gekeimter Quinoa (ca. 3 Tage gekeimt, Anleitung in der hinteren Buchklappe) | Salz | Pfeffer | 2 EL Hefeflocken

Marinierzeit: mindestens 30 Min.
Zubereitungszeit: ca. 25 Min.

1 Champignons in Scheiben schneiden, mit Sojasoße und Olivenöl vermischen und möglichst 30 bis 60 Min. marinieren lassen.

2 Tomaten und Paprika waschen. Einen flachen Deckel von beiden abschneiden und sie mit einem Messer oder Löffel aushöhlen. Fruchtfleisch der Tomaten beiseitestellen.

3 Zucchini waschen, halbieren, beide Hälften mit einem Löffel oder Kugelausstecher aushöhlen. Fruchtfleisch ebenfalls zur Seite stellen.

4 Die Marinade der Champignons in eine kleine Schüssel abgießen. Die Avocado schälen, halbieren, entkernen und das Fruchtfleisch mit der Marinade zermusen. Das Fruchtfleisch von den Tomaten und den Zucchini klein schneiden und untermischen.

5 Knoblauch schälen, auspressen. Zwiebel schälen, würfeln. Sellerie waschen, putzen und mit den getrockneten Tomaten klein schneiden. Petersilie waschen, trocken schleudern und hacken. Alles zusammen mit den Champignons zur Avocadocreme geben und vermengen.

6 Quinoakeime zur Gemüsemasse geben. Mit Salz und Pfeffer würzen, in das ausgehöhlte Gemüse füllen. Mit Hefeflocken bestreuen.

MARINIERT NOCH BESSER

Das Gemüse kann vor dem Befüllen für eine Stunde in einem Mix aus 100 Milliliter Olivenöl, zwei gewürfelten Knoblauchzehen und einer halben entkernten und fein geschnittenen Chilischote mariniert werden.

Lecker und gesund!

CURRY MIT PASTINAKENREIS

Für das Gemüse: 4 getrocknete Aprikosen | 1 rote Paprikaschote | 1 Tomate | 1 kleine Zucchini | 1 kleine Karotte | ½ rote Zwiebel | 2 EL Nama Shoyu oder Sojasoße | 2 EL Hanföl
Für die Soße: 2 Tomaten | ½ Knoblauchzehe | 2 Stängel Koriander | 1 Zitrone (unbehandelt) | 6 getrocknete Tomaten | 1 EL geriebener Ingwer | 2 TL Kokosöl | je 1 Prise Kreuzkümmel, Muskatnuss und Cayennepfeffer | ½ TL Currypulver (optional) | Salz | Pfeffer
Für den »Reis«: 300 g Pastinaken | 2 TL Hefeflocken | 2 EL Wasser | Salz
Zum Garnieren: 2 EL Rosinen | 2 EL Cashews | 1 Handvoll Bockshornkleesprossen (optional, ca. 3 Tage gekeimt, Anleitung in der Buchklappe) | 1 Stängel Koriander

Marinierzeit: ca. 30 Min.
Zubereitungszeit: ca. 30 Min.

1 Getrocknete Aprikosen in Wasser einlegen und zur Seite stellen.

2 Paprikaschote waschen, entkernen, Stielansatz und weiße Trennwände ebenfalls entfernen, das Fruchtfleisch in feine Streifen schneiden. Tomate, Zucchini und Karotte waschen, putzen und fein würfeln. Zwiebel schälen und ebenfalls sehr fein würfeln.

3 Das Gemüse in einer Soße aus Nama Shoyu, Hanföl und ca. 3 EL Wasser marinieren. Das Gemüse muss nicht von der Marinade bedeckt sein, sondern nur gut mit ihr vermischt werden. Ca. 30 Min. stehen lassen.

4 Für die Soße die Tomaten waschen, Stielansatz entfernen, die Tomaten vierteln. Knoblauch schälen, Koriander waschen, trocken schleudern und die Blättchen abzupfen. Die Zitrone auspressen und die Schale reiben. Alles mit den anderen Zutaten für die Soße im Standmixer oder mit dem Pürierstab vermixen. Nur so viel Wasser hinzufügen, wie nötig ist, damit die Soße geschmeidig, aber nicht zu dickflüssig wird.

5 Für den »Reis« die Pastinaken waschen, putzen und klein schneiden. In der Küchenmaschine mit Hefeflocken, etwas Wasser und Salz zerkleinern, bis er eine reisähnliche Konsistenz hat.

6 Die Marinade vom Gemüse abgießen. Die anfangs eingeweichten Aprikosen vierteln und gemeinsam mit den Rosinen und Cashewkernen zum Gemüse hinzufügen. Soße hinzugeben, alles vermengen.

7 Bockshornkleesprossen aufstreuen und das Curry mit etwas Koriander garnieren. Mit dem Pastinakenreis servieren.

Für Gourmets

FISCHFREUNDLICHES SUSHI

100 g Mandeln | 1 Knoblauchzehe | 1 Zitrone | 1 Stück Ingwer (ca. 1,5 cm) | 2 TL geriebener Meerrettich | Salz | 3 EL Wasser | 100 g Dinkelkeimlinge (3 bis 4 Tage gekeimt, Anleitung in der hinteren Buchklappe) | 2 Noriblätter | 1 Handvoll Spinat | ½ rote Paprikaschote | ½ Avocado | 1 Handvoll Mungobohnensprossen (ca. 3 Tage gekeimt)

Einweichzeit (optional): 8 Std.
Zubereitungszeit: ca. 20 Min.

1 Mandeln möglichst über Nacht einweichen. Vor der Zubereitung das Wasser abgießen und die Mandeln kurz abspülen.

2 Für den Reisersatz Knoblauch schälen und halbieren, Zitrone auspressen. Die Mandeln zusammen mit Knoblauch, Zitronensaft, Ingwer, Meerrettich und Salz in der Küchenmaschine oder mit dem Pürierstab vermixen. Nur so viel Wasser hinzufügen, wie für eine dickflüssige Konsistenz nötig ist.

3 Die Mandelcreme in eine Schüssel umfüllen und die Dinkelkeimlinge hinzufügen. Alles kräftig miteinander verrühren.

4 Noriblätter auf eine flache Unterlage legen. Darauf die Mandelcreme streichen. Spinat waschen, verlesen, fein hacken und auf den Blättern verteilen. Paprika waschen, entkernen, Stielansatz und weiße Trennwände entfernen, Fruchtfleisch in feine Streifen schneiden, darauflegen. Die halbe Avocado entkernen, Fruchtfleisch aus der Schale heben und ebenfalls in dünne Streifen schneiden, darauflegen. Zu guter Letzt die Mungobohnensprossen hinzufügen.

5 Jedes Noriblatt so zusammenrollen, dass die Sushirolle fest und gleichmäßig wird. Vorsichtig in Stücke schneiden.

ZUM SERVIEREN

Sushi können Sie sehr gut mit Nama Shoyu oder auch Sojasoße zum Dippen sowie einem grünen Salat oder einer Rohkost-Suppe ab Seite 90 servieren.

TIPPS FÜR DEN WINTER

Eine der häufigsten Sorgen von Menschen, die sich neu mit Rohkost befassen und ihre Ernährung gern umstellen wollen: Wie übersteht man den Winter, wenn man überhaupt nichts Warmes essen kann?

Keine Sorge. Ihr Körper und seine Bedürfnisse stehen im Vordergrund. Die Ernährung vieler Rohköstler variiert stark übers Jahr, viele konsumieren im Winter mehr Gekochtes. Denn wenn es draußen kalt und unwirtlich wird, mögen wir es naturgemäß warm und wohlig, auch im Magen. Aber selbst mit reiner Rohkost kann man den Winter gesund und glücklich überstehen.

WÄRMENDE GEWÜRZE

Die wärmende Wirkung, die beispielsweise Chili und Cayennepfeffer auf uns haben, können wir im Winter gezielt nutzen. Weitere wohlschmeckende Gewürze, die uns Wärme von innen liefern: Ingwer, Knoblauch, Curry, Zimt, Anis und Kardamom.

MAHLZEITEN LEICHT ERHITZEN

Rohkost bedeutet natürlich keineswegs Kühlschranktemperatur. Sie kann problemlos auf bis zu 47 Grad Celsius erhitzt werden, ohne dass sie an Vitalität verliert. Eine schonende Möglichkeit ist es, rohköstliche Suppen in ein Einmachglas zu füllen und im Wasserbad zu erwärmen. Auch das Vorwärmen von Tellern macht bereits einen großen Unterschied. Wer ein Dörrgerät besitzt, kann es auch nutzen, um Mahlzeiten bei 45 Grad ganz langsam zu erwärmen.

TEES, BRÜHEN UND SUPPEN

Auf die perfekten Winterwärmer müssen Sie auch bei Rohkost nicht verzichten: Kräutertees und Gemüsebrühen sind zwar nicht roh, wärmen aber schön auf und bieten dabei auch noch einige Nährstoffe. Viele Rohköstler greifen auch zu warmer Misosuppe, die sie aufgrund ihrer probiotischen Wirkung schätzen. Die in ihr enthaltenen Milchsäurebakterien bleiben jedoch nur erhalten, wenn die Suppe schonend erwärmt und nicht zum Kochen gebracht wird.

IN BEWEGUNG BLEIBEN

Bewegung kann in der Kälte des Winters Wunder wirken. Schon mit zehn Minuten Seilspringen, Power Walking oder leichten Übungen zwischendurch kommt Ihr Kreislauf ordentlich in Schwung.

Roher Klassiker

ROTKOHL, PÜREE UND PILZSOSSE

Für das »Kartoffelpüree«: 80 g Macadamianüsse | 300 g Pastinaken | ½ Knoblauchzehe | 1 TL Hefeflocken | 1 EL Olivenöl | 100 ml Wasser | 1 Prise Muskatnuss | Salz | Pfeffer
Für den Rotkohl: ⅓ Kopf Rotkraut (ca. 350 g) | 1 Apfel | 1 Stange Sellerie | 10 Walnüsse | ½ Zitrone | 3 EL Olivenöl | 3 EL Wasser | 2 TL Honig oder Agavensirup | Salz | Pfeffer
Für die Pilzsoße: 2 Champignons | 50 g Macadamianüsse | 4 EL Olivenöl | 1 TL Apfelessig | 100 ml Wasser | Salz

Einweichzeit (optional): 8 Std.
Marinierzeit: mindestens 20 Min.
Zubereitungszeit: ca. 25 Min.

1 Macadamia und Walnüsse separat möglichst über Nacht einweichen. Morgens abgießen und die Nüsse durchspülen.

2 Für das »Kartoffelpüree« Pastinaken waschen und in Scheiben schneiden, Knoblauch schälen und vierteln. Mit 80 g Macadamianüssen sowie den restlichen Püreezutaten in einem Standmixer oder mit einem Pürierstab pürieren. Nur so viel Wasser hinzugeben, wie nötig ist, damit eine zähflüssige Masse entsteht.

3 Den Rotkohl waschen, den Strunk entfernen und den Rest grob zerschneiden. Den Apfel waschen, entkernen und vierteln. Den Sellerie waschen, putzen und grob zerschneiden. Rotkohl, Apfel, Sellerie und Walnüsse zusammen in der Küchenmaschine langsam zerkleinern.

4 Die halbe Zitrone auspressen, mit den restlichen Rotkohlzutaten über die vorbereitete Kohlmischung geben, alles vermengen und mindestens 30 Min. marinieren lassen.

5 Für die Pilzsoße Champignons vierteln. Alle Soßenzutaten im Standmixer oder mit einem Pürierstab verarbeiten. Soße über das Püree gießen und mit dem Rotkohl servieren.

Schnell und kinderleicht

ZUCCHINI-CANNELLONI

2 große Zucchini | 3 Tomaten | ½ Zitrone | 1 Knoblauchzehe | 6 getrocknete Tomaten | ½ Bund Basilikumblätter | 4 EL Sonnenblumenkerne | 1 TL Agavensirup | 1 EL Olivenöl | 2 EL Wasser | 2 TL Hefeflocken | Salz | Pfeffer | 1 Prise Oregano | 1 Prise Rosmarin

Zubereitungszeit: ca. 15 Min.

1 Die Zucchini waschen, putzen und mit einem Sparschäler oder Gemüsehobel längs in dünne, längliche Scheiben schneiden.

2 Für die Füllung die Tomaten waschen, Stielansatz entfernen, Fruchtfleisch grob würfeln. Zitrone auspressen, Knoblauch schälen und halbieren. Mit den restlichen Zutaten bis auf 2 EL Sonnenblumenkerne in der Küchenmaschine oder mit dem Pürierstab vermixen. In eine Schüssel geben und die restlichen Sonnenblumenkerne einrühren.

3 Füllung auf die Zucchinibänder geben und diese zusammenrollen.

FÜR GUTE LAUNE!

Dieses Gericht enthält reichlich Tomaten – und die machen glücklich, denn sie enthalten Folsäure, die sich positiv auf unsere Laune auswirkt. Aus der Füllung kann auch eine würzige Tomatensoße gezaubert werden, indem statt der Sonnenblumenkerne drei zusätzliche Esslöffel Olivenöl und etwas mehr Wasser verwendet werden.

Roher Klassiker

WOHLFÜHL-LASAGNE

Für den »Käse«: 200 g Cashews | 1 Knoblauchzehe | 3 EL Hefeflocken (optional) | 4 EL Wasser | Salz
Für die Gemüseschichten: 150 g Champignons | 2 Handvoll Spinat | 3 EL Olivenöl | 3 EL Nama Shoyu oder Sojasoße | 2 EL Wasser | 3 mittlere Zucchini | 4 Tomaten
Für die Tomatensoße: 3 Tomaten | 3 entsteinte Datteln | ½ Knoblauchzehe | 8 getrocknete Tomaten | 6 Basilikumblätter | 1 EL frische gehackte oder getrocknete Kräuter (Oregano, Thymian und/oder Rosmarin) | 1 EL Olivenöl
Zum Garnieren: 1 EL Hefeflocken (optional) | 1 Handvoll Basilikumblätter

Einweichzeit (optional): 8 Std.
Zubereitungszeit: ca. 30 Min.

1 Cashews möglichst über Nacht einweichen. Morgens abgießen und durchspülen.

2 Champignons in schmale Scheiben schneiden. Spinat waschen, verlesen und hacken. Marinade aus Öl, Sojasoße und etwas Wasser herstellen. In zwei separaten Schüsseln Spinat und Champignons mit der Marinade mischen und zum Durchziehen zur Seite stellen.

3 Für den »Käse« den Knoblauch schälen und halbieren. Mit den Cashews, den Hefeflocken, Wasser und etwas Salz in der Küchenmaschine cremig mixen.

4 Für die Soße Tomaten waschen, Stielansatz entfernen, Fruchtfleisch grob würfeln. Datteln falls nötig entsteinen. Alle Soßenzutaten im Mixer oder mit einem Pürierstab verarbeiten.

5 Zucchini waschen, putzen und mit einem Sparschäler in dünne, längliche Scheiben schneiden. Die Tomaten für die Schichten ebenfalls waschen, Stielansatz entfernen, das Fleisch in dünne Scheiben schneiden.

6 In einer Glasform die Lasagne aufschichten: erst eine Schicht aus Zucchini- und Tomatenscheiben, darauf eine Lage marinierten Spinat und eine Lage Champignons verteilen, eine Schicht Nusskäse daraufstreichen und etwas Tomatensoße über die Schichten gießen. Die nächsten Schichten in der gleichen Reihenfolge. Mit einer Schicht Zucchini abschließen. Mit der restlichen Tomatensoße beträufeln. Hefeflocken über die Lasagne streuen. Basilikum waschen, trocken schleudern, die Lasagne mit den Blättern garnieren.

ACHTUNG: FÜR VIER PERSONEN

Die Lasagne reicht mit den im Rezept angegebenen Zutaten natürlich für mehr als zwei Portionen! Sie sollte dennoch möglichst rasch gegessen werden, da die Zucchini mit der Zeit Saft abgeben und dadurch alles verwässern. Reste können Sie im Kühlschrank aufbewahren und später beispielsweise auf einem Bett aus Spinatblättern servieren. So schlemmen Sie zweimal!

Lecker und gesund!

SCHLEMMER-WRAPS

200 g Champignons | 1 EL Nama Shoyu oder Sojasoße | 1 EL Olivenöl | 1 Karotte | 2 Tomaten | ½ Zucchini | ½ Stange Staudensellerie | 3 Stängel Blattpetersilie | 4 Romana-Salatblätter | Salz | Pfeffer | 1 Prise Paprikapulver
Für die Schlemmercreme: ½ Knoblauchzehe | 150 g Sonnenblumenkerne | 1 Zitrone | 1 Tomate | 4 getrocknete Tomaten | 2 EL Sesam | 2 TL Hefeflocken | Salz | 2 EL Olivenöl | 2 EL Wasser

Marinierzeit: mindestens 30 Min.
Zubereitungszeit: ca. 20 Min.

1 Champignons in Scheiben schneiden. Aus Nama Shoyu, Öl und Wasser eine Marinade herstellen. Über die Champignons gießen und verrühren. Zur Seite stellen und möglichst 30 bis 60 Min. marinieren lassen.

2 In der Zwischenzeit die Creme zubereiten: Knoblauch schälen und halbieren. Zusammen mit den Sonnenblumenkernen in einer Küchenmaschine oder einem Mixer mit Mahlaufsatz zu einem groben Mehl verarbeiten.

3 Zitrone auspressen. Tomate waschen, Stielansatz entfernen, Fruchtfleisch grob würfeln. Zusammen mit den übrigen Zutaten für die Schlemmercreme zu den gemahlenen Sonnenblumenkernen hinzufügen und zu einer dickflüssigen Creme verarbeiten.

4 Karotte, Tomaten und Zucchini waschen und putzen. Karotte raspeln, Tomate und Zucchini in feine Scheiben schneiden. Sellerie ebenfalls waschen, putzen und fein würfeln. Die Petersilie waschen, trocken schleudern und hacken.

5 Salatblätter waschen, trocken schleudern, auf eine flache Oberfläche legen und Schlemmercreme großzügig darauf verstreichen. Das geschnittene Gemüse sowie die marinierten Pilze darauflegen. Mit Gewürzen abschmecken.

6 Die Blätter vorsichtig zu Wraps aufrollen und als Fingerfood verzehren.

▲

DESSERTS ZUM VERLIEBEN: SÜSS, FRISCH, EDEL

Süßes und Desserts – die wenigsten wollen darauf verzichten und manche blicken deshalb mit anfänglicher Sorge auf das Rohkost-Experiment. Doch keine Angst: Auch bei rohem Genuss müssen Sie nicht auf süße Naschereien verzichten. Und die dafür sonst üblichen Zutaten Mehl, Milch, Sahne und Co. sind überhaupt nicht nötig. Sie werden durch Rohstoffe ersetzt, die nicht nur lecker, sondern auch noch nährstoffreich sind.

Sie werden daher nichts vermissen, denn die Rohkost-Küche bietet auch im Bereich der Süßspeisen feine Kreationen, die leicht oder auch mal etwas kunstvoller zuzubereiten sind. Ob Creme oder Mousse, Eis oder Sorbet, Brownie oder Torte – mit frischen und getrockneten Früchten, mit Nüssen und Kakao, Vanille und Agavensirup werden süße Träume wahr. Lassen Sie sich auf das Allerbeste überraschen!

Lecker und gesund!

BANANENSPIESSE MIT SCHOKOLADENSOSSE

50 g Mandeln | 1 Orange | 2 EL Honig oder Agavensirup | 1 Prise Zimt | 2 Bananen | 4 Holzspieße

Für die Schokoladensoße: 3 EL Kokosöl | 8 entsteinte Datteln | 2 EL Carob- oder Kakaopulver | 2 EL Wasser

Einweichzeit (optional): 8 Std.
Zubereitungszeit: ca. 15 Min.

1 Die Mandeln möglichst über Nacht in reichlich Wasser einweichen. Morgens das Wasser abgießen und die Mandeln kurz abspülen. In der Küchenmaschine oder mit einem Messer fein hacken und zur Seite stellen.

2 Orange auspressen, den Saft mit Honig oder Agavensirup und dem Zimt vermengen. Bananen schälen und halbieren. Längs aufspießen. Mit Honig-Orangen-Mix beträufeln und in den gehackten Mandeln wenden.

3 Für die Schokoladensoße Kokosöl, falls hart, im Wasserbad schmelzen. Alle Zutaten mit etwas Wasser mit einem Pürierstab vermixen, bis eine dickflüssige Soße entsteht.

4 Die fertige Schokoladensoße in kleinen Schälchen zum Dippen zusammen mit den Bananenspießen servieren.

Für Gourmets

SCHOKOLADIG-MINZIGER CHIA-PUDDING

3 Stängel Pfefferminze | 5 entsteinte Datteln | Mark von ½ Vanilleschote | 1 Prise Salz | ca. 400 ml ungefilterte Mandelmilch (Rezept Seite 74) | 2 EL Carob- oder Kakaopulver | 5 EL Chiasamen

Zubereitungszeit: ca. 15 Min.
Ruhezeit: ca. 40 Min.

1 Pfefferminze waschen, trocken schleudern, Blätter abzupfen. Mit allen weiteren Zutaten außer den Chiasamen im Standmixer zu einer cremigen Flüssigkeit vermixen.

2 Schoko-Pfefferminz-Milch in eine große Schüssel gießen. Chiasamen hinzufügen und mit einem Löffel kräftig verrühren.

3 5 Min. stehen lassen. Erneut umrühren. Nochmals 5 Min. stehen lassen und ein weiteres Mal umrühren. Ca. 30 Min. stehen lassen, bis die Chiasamen die Flüssigkeit aufgesogen haben und der Pudding eine cremige Konsistenz hat. Falls der Pudding zu flüssig ist, noch einige Chiasamen hinzufügen.

CHIASAMEN

Sie besitzen einen hohen Anteil an Omega-3-Fettsäuren, Ballaststoffen und Protein. Das macht sie zu kleinen Kraftpaketen, die jedes Dessert in einen wertvollen Gesundheitssnack verwandeln.

Detox

ANANAS-SORBET

½ Ananas | 2 EL Agavensirup | Saft von ½ Limette | 3 EL Wasser

Zubereitungszeit: ca. 10 Min.
Gefrierzeit: mindestens 3 Std.

1 Ananas schälen und würfeln. Anschließend für mindestens 3 Std. einfrieren.

2 Gefrorene Ananas mit Agavensirup, Limettensaft und etwas Wasser im Standmixer oder der Küchenmaschine verarbeiten. Sorbet sofort essen oder für 30 Min. ins Gefrierfach stellen.

Roher Klassiker

KIRSCH-MOHN-EIS

400 g Kirschen | 60 g Mohn | 250 ml Mandelmilch (Rezept Seite 74) | 1 EL Kokosöl

Zubereitungszeit: ca. 15 Min.
Gefrierzeit: ca. 4 Std.

1 Die Kirschen waschen, halbieren und entkernen. Mohn fein mahlen. Hierzu entweder Mörser, Küchenmaschine, Mixer mit Mahlaufsatz oder Mühle verwenden.

2 Alle Zutaten in der Küchenmaschine, mit Stab- oder Standmixer zu einer Creme vermixen.

3 Die Masse entweder in die Eiscrememaschine füllen oder in einer Schüssel beziehungsweise in Eisförmchen im Tiefkühlfach mindestens 4 Std. gefrieren lassen.

Schnell und kinderleicht

BEERENSTARKE MANGOCREME

2 Mangos | 250 g Erdbeeren | 1 Banane | ½ Avocado | 2 TL Agavensirup | ca. 5 EL Wasser

Zubereitungszeit: ca. 10 Min.

1 Beide Mangos schälen, Kern entfernen und Fruchtfleisch grob würfeln. 150 g Erdbeeren waschen, putzen und halbieren. Die Banane schälen und ebenfalls halbieren. Die halbe Avocado entkernen, das Fruchtfleisch herauslösen und grob würfeln.

2 Alle Zutaten im Standmixer oder mit dem Pürierstab vermischen.

3 Für die Garnitur die restlichen Erdbeeren waschen, putzen und vierteln und die Creme damit vor dem Servieren verzieren.

Chlorophyll satt!

GREEN MONSTER

3 Bananen | 2 Äpfel | 2 TL Spirulina | 50 g Sesam | 1 EL Weizengraspulver oder 2 cl frischer Weizengrassaft | 1 Prise Zimt | 1 EL Agavensirup | ca. 5 EL Wasser

Zubereitungszeit: ca. 10 Min.

1 Die Bananen schälen und halbieren. Die Äpfel waschen, vierteln und entkernen.

2 Alle Zutaten im Standmixer oder mit dem Pürierstab cremig rühren.

Lecker und gesund!

GOJI-ENERGIEBÄLLCHEN

100 g Haselnüsse | 150 g entsteinte Datteln | 100 g Gojibeeren | 5 EL Wasser | 50 g Kokosnussraspeln | Mark von ½ Vanilleschote
Zum Garnieren: 3 EL Kokosnussraspeln | 2 EL Carob- oder Kakaopulver

Zubereitungszeit: ca. 20 Min.

1 Haselnüsse in der Küchenmaschine zu einem feinen Mehl verarbeiten. Zur Seite stellen.

2 Datteln und Gojibeeren mit etwas Wasser in der Küchenmaschine pürieren. Allmählich das Nussmehl, die Kokosnussraspeln sowie das Vanillemark hinzufügen und weitermixen, bis ein fester Teig entsteht.

3 Den Teig nun in eine Schüssel umfüllen und mit befeuchteten Händen gründlich durchkneten. Kleine Kugeln formen und teilweise in den restlichen Kokosnussraspeln und in dem Carobpulver wenden.

RUNDUM FREUDE

Die Bällchen halten sich im Kühlschrank etwa eine Woche. Dabei ist die Zubereitung ein Spaß für die ganze Familie, denn beim Formen der Kugeln kann jeder noch so junge Helfer tatkräftig ans Werk gehen.

Für Gourmets

HIMMLISCHE HIMBEERTORTE

Für den Boden: 150 g Mandeln | 2 EL gelbe Leinsamen | 150 g entsteinte Datteln | 1 Prise Zimt | 1 Prise Salz | Kokosraspeln für die Kuchenform (optional)
Für die Füllung: 200 g Himbeeren | Mark von ½ Vanilleschote | 250 g Cashews | 5 entsteinte Datteln | ½ TL Zimt | 5 EL Wasser

Einweichzeit (optional): 8 Std.
Zubereitungszeit: ca. 20 Min.
Kühlzeit: ca. 1 Std.

1 Mandeln und Cashews möglichst über Nacht einweichen. Dann abgießen und durchspülen.

2 Für den Boden die Mandeln mit den restlichen Zutaten in der Küchenmaschine zu einem Teig verarbeiten. Falls nötig, etwas Wasser hinzufügen. Der Teig sollte jedoch möglichst fest sein, da er nicht gebacken oder getrocknet wird.

3 Den Teig in eine mit Kokosraspeln oder Backpapier ausgekleidete Kuchenform pressen. Dabei einen kleinen Rand formen.

4 Für die Füllung die Himbeeren waschen und verlesen, 50 g zum Garnieren beiseitelegen. Mit allen weiteren Zutaten in einem Standmixer oder mit einem Pürierstab zu einer cremigen Masse vermischen. Etwas Wasser hinzufügen, die Füllung sollte jedoch dickflüssig sein.

5 Himbeermasse auf dem Tortenboden verstreichen. Mit den restlichen Himbeeren garnieren. Im Kühlschrank oder Gefrierfach vor dem Verzehr 1 Std. fest werden lassen.

Für Gourmets

SUPERFOOD-BROWNIES

250 g Walnüsse | 100 g Hanfsamen oder Hanfmehl | 100 g Kakaopulver | 1 EL Spirulina | 1 EL Macapulver | 1 TL Zimt | 1 Prise Salz | 3 EL Kokosöl | 5 EL Wasser | 200 g entsteinte Datteln | Mark von 1 Vanilleschote

Zubereitungszeit: ca. 20 Min.
Kühlzeit: ca. 1 Std.

1 50 g Walnüsse zur Seite stellen. Die übrigen Walnüsse mit den Hanfsamen oder dem Hanfmehl in der Küchenmaschine zu einem feinen Mehl verarbeiten. Kakaopulver, Spirulina, Maca, Zimt sowie Salz hinzufügen, kurz vermischen.

2 Falls das Kokosöl hart ist, im Wasserbad schmelzen. Langsam Datteln und Öl zur Nussmischung in der Küchenmaschine hinzufügen. Etwas Wasser hinzugeben, damit eine feste Masse entsteht. Vanillemark dazugeben.

3 Die Masse nun in eine Schüssel füllen. Restliche Walnüsse in der Küchenmaschine oder mit einem Messer klein hacken. Mit befeuchteten Händen in den Teig hineinkneten.

4 Gleichmäßig in eine Form oder auf ein Backblech mit Rand pressen. Im Kühlschrank oder Gefrierfach ca. 1 Std. fest werden lassen. Anschließend schneiden und genießen.

TATSÄCHLICH: SÜSSES GESUND!

Brownies in dieser Form sind nicht nur sehr lecker, sondern stecken auch voller gesundheitsfördernder Inhaltsstoffe.

Roher Klassiker

GLUTENFREIE MANDELPLÄTZCHEN

450 g Mandeln | 1 EL Carob- oder Kakaopulver | 1 TL Zimt | 3 EL Honig oder Agavensirup | 1 Prise Salz | 5 EL Wasser | 100 g Rosinen | 50 g Kakaosplitter (optional)

Zubereitungszeit: ca. 20 Min.
Dehydrierzeit: ca. 3 bis 4 Std.

1 300 g der Mandeln langsam in der Küchenmaschine zu feinem Mehl verarbeiten. Carob- oder Kakaopulver, Zimt, Honig oder Agavensirup, Salz und Wasser hinzufügen und alles zu einem zähflüssigen Teig verarbeiten.

2 Den Teig in eine Schüssel umfüllen. Die restlichen Mandeln klein hacken, entweder mit einem Messer oder in der Küchenmaschine. Die Mandelstückchen anschließend mit den Rosinen und gegebenenfalls den Kakaosplittern zum Teig hinzufügen, mit befeuchteten Händen gründlich einkneten.

3 Den Teig ausrollen und mit Plätzchenformen verschiedene Plätzchen ausstechen.

4 Im Dehydrator bei 40° je nach Dicke der Plätzchen 3 bis 4 Std. trocknen.

VARIANTE FÜR DEN SOMMER

Diese klassischen Weihnachtsplätzchen können leicht in fruchtige Sommerkekse verwandelt werden: Einfach weniger Zimt verwenden und 150 Gramm klein geschnittene Kirschen oder Beeren in den Teig mengen. Die Trockenzeit verlängert sich dadurch um etwa anderthalb Stunden.

Roher Klassiker

KÄSEKUCHEN DELUXE

Für eine große Springform

Für den Boden: 150 g Haselnüsse | 120 g entsteinte Datteln | 2 EL gelbe Leinsamen | 1 Prise Zimt | 1 Prise Salz

Für die Füllung: 300 g Cashews | Saft von 1½ Zitronen | 100 ml Agavensirup | Mark von 1 Vanilleschote | ca. 150 ml Wasser

Einweichzeit (optional): 8 Std.
Zubereitungszeit: ca. 20 Minuten

1 Haselnüsse und Cashews jeweils extra möglichst über Nacht einweichen. Morgens das Wasser abgießen und die Nüsse kurz abspülen.

2 Für den Boden die Haselnüsse mit allen anderen Zutaten in der Küchenmaschine oder im Standmixer zu einem groben Teig verarbeiten. Falls nötig, etwas Wasser hinzufügen. Der Teig sollte jedoch möglichst fest sein, da er nicht gebacken oder getrocknet wird. Den Boden in eine Springform drücken.

3 Für die Füllung die Cashews mit den anderen Zutaten in einer Küchenmaschine zu einer dickflüssigen Masse verarbeiten, dabei das Wasser nur langsam und nach Bedarf hinzufügen, bis eine cremige, aber feste Konsistenz erreicht ist.

4 Die Füllung auf den Boden in der Kuchenform geben. Wenn sie zu flüssig ist, kann der Kuchen vor dem Verzehr in den Kühl- oder Gefrierschrank gestellt werden, damit sie etwas fester wird. Der Kuchen hält sich gekühlt bis zu 4 Tage und kann so nach und nach vernascht werden.

FÜR GESUNDHEITSBEWUSSTE GOURMETS

Dieses Rezept ist ein Klassiker der Gourmet-Rohkost und kann mit jedem traditionellen Käsekuchen konkurrieren. Auf den ersten Blick kann vielleicht die Menge an Nüssen und damit der hohe Fettgehalt abschrecken. Es handelt sich dabei jedoch primär um ungesättigte Fettsäuren, sodass dieser Kuchen anders als die meisten gebackenen Varianten nicht nur ein wahrer Genuss ist, sondern sich, in Maßen genossen, auch positiv auf Ihre Gesundheit auswirkt.
Zudem ist er glutenfrei und erfreut somit auch Menschen, die an Glutenunverträglichkeit (Zöliakie) leiden.

Lecker und gesund!

APFELECKEN MIT VANILLESOSSE

150 ml Agavensirup | 2 EL Hanföl | 2 EL Rosenwasser (optional, ersatzweise Wasser) | 2 TL Zimt | 1 Prise Muskatnuss | 2 EL Rosinen | 3 Äpfel

Für die Vanillesoße: 3 EL Kokosöl | Mark von 2 Vanilleschoten | 80 g Cashews | 4 EL Agavensirup | ca. 2 EL Wasser | 1 Prise Salz

Einweichzeit (optional): 8 Std.
Zubereitungszeit: ca. 15 Minuten
Dehydrierzeit: ca. 3 Std.

1 Cashewkerne möglichst über Nacht einweichen. Morgens das Wasser abgießen und Cashews kurz abspülen.

2 Agavensirup mit Öl, Rosenwasser, Zimt und Muskat vermischen. Die Rosinen unterrühren.

3 Äpfel waschen, entkernen, vierteln. Apfelecken auf ein Backpapier legen und Agavensirupmischung darübergießen. Das Ganze im Dehydrator bei 40° ca. 3 Std. trocknen.

4 Falls das Kokosöl hart ist, im Wasserbad schmelzen. Für die Vanillesoße alle Zutaten in einem Standmixer oder mit einem Pürierstab vermischen. Langsam etwas Wasser hinzufügen, bis eine cremige Soße entsteht.

5 Die noch warmen Apfelecken auf einem Teller anrichten. Vanillesoße darübergießen.

Bücher, die weiterhelfen

Boutenko, Victoria
Green for Life
Hans Nietsch Verlag

Reinle-Carayon, Nelly
RohKöstlich … aus Frankreich. 50 Rezepte
Rohköstlich Messe und Verlag

Rogers, M.; Tamborra, T. A.
Sweet Gratitude. A New World of Raw Desserts
North Atlantic Books

Virtue, Doreen; Ross, Jenny
Rohkost. Himmlische Vital-Rezepte für Gourmets
Koha

Bücher aus dem GRÄFE UND UNZER VERLAG

Bingemer, Susanna
Superfoods

Dahlke, Ruediger
Vegan schlank

Guth, C.; Hickisch, B.
Grüne Smoothies

Kraske, Eva-Maria
Säure-Basen-Balance

Sandjon, Chantal
Abnehmen mit Smoothies

Webseiten, die weiterhelfen

Erdbeerkinder
www.erdbeerkinder.de
Informationen (nicht nur) für Eltern, die den Rohkost-Lifestyle auch ihren Kindern näherbringen möchten.

Gemüsekiste
www.gemuesekiste.de
Erster Einblick in regionale Gemüse-Abos. Noch einfacher: mit einer Suchmaschine direkt Gemüsekisten in Ihrem Ort ausfindig machen.

Germany Goes Raw
www.germanygoesraw.de
Die beste Website für einen Überblick über die Rohkost-Bewegung in Deutschland. Infos zu Wildkräuterspaziergängen, Potlucks und Restaurants sowie Versand von Rohkost-Filmen, -Büchern und Geräten. Liste rohköstlicher Workshops und Events.

Grüntopia
www.gruentopia.de
Homepage der Autorin mit vielen Anregungen zu pflanzlicher Ernährung und Green Living. Ebenso Tipps und Reflektionen zur Begleitung beim Rohkost-Programm.

Keimling: www.keimling.de
Die erste Anlaufstelle für rohköstliche Zutaten und Snacks. Führen außerdem hochwertiges Rohkost-Equipment wie Dehydratoren und Mixer.

Mundraub
www.mundraub.org
Interaktive Karte, auf der Nutzer Fundstellen von Obstbäumen und Wildkräuterwiesen im öffentlichen Raum teilen.

Orkos: www.orkos.com
Seit Jahrzehnten Lieferant hochwertiger Vitalkost – reife Früchte und Gemüse, Algen- und Imkereiprodukte, Nüsse, Samen, Trockenfrüchte.

Raw Living Germany
www.raw-living.de
Bieten eine Vielzahl an speziellen Rohkost-Produkten und Superfoods wie rohen Kakao, Macapulver und Spirulina.

Rohzepte
www.rohzepte.de
Eine Fülle an Rohkostrezepten.

Rohvolution
www.rohvolution.de
Diese Rohkost-Messe findet jährlich an mehreren Standorten in Deutschland statt und bietet einen fantastischen Einblick in die Vielfalt rohköstlicher Produkte und Anbieter.

Sachregister

Rezeptregister

Impressum

Projektleitung: Silvia Herzog
Lektorat: Diane Zilliges
Bildredaktion: Henrike Schechter
Umschlaggestaltung und Layout: independent Medien-Design, Horst Moser, München
Herstellung: Petra Roth
Satz: Christopher Hammond
Reproduktion: medienprinzen GmbH, München
Druck und Bindung: Schreckhase, Spangenberg

Printed in Germany

ISBN 978-3-8338-4621-2

1. Auflage 2015

Die GU-Homepage finden Sie unter www.gu.de

Gedruckt auf Galaxi Supermat, exklusiv bei der Papier Union.

Bildnachweis

Fotoproduktion Cover und Innenteil: Jörg Lehmann, Berlin
Illustrationen S. 32 und 42: Claudia Klein, München
Autorenfoto: Oliver G. Seifert, Berlin
Weitere Fotos: Getty Images: S. 36; GU: S. 5 (Eising Foodphotography, M. Görlach), 37 (Mat Kovacic/7mp.de); Plainpicture: S. 2, 6, 17, 18, 38; Shutterstock: Außenklappe vorne, Innenklappe vorne, S. 24; Stockfood: S. 4, 13, 28, 40, 48; Stocksy: S. 8, 34; unsplash (Morgan Sessions): S. 44.

Syndication:
www.jalag-syndication.de

Wichtiger Hinweis

Die Gedanken, Methoden und Anregungen in diesem Buch stellen die Meinung bzw. Erfahrung der Autorin dar. Sie wurden von ihr nach bestem Wissen erstellt und mit größtmöglicher Sorgfalt geprüft. Sie bieten jedoch keinen Ersatz für persönlichen kompetenten medizinischen Rat. Jede Leserin, jeder Leser ist für das eigene Tun und Lassen auch weiterhin selbst verantwortlich. Weder Autorin noch Verlag können für eventuelle Nachteile oder Schäden, die aus den im Buch gegebenen praktischen Hinweisen resultieren, eine Haftung übernehmen.

QUALITÄTS GU GARANTIE

Liebe Leserin, lieber Leser,

haben wir Ihre Erwartungen erfüllt? Sind Sie mit diesem Buch zufrieden? Haben Sie weitere Fragen zu diesem Thema? Wir freuen uns auf Ihre Rückmeldung, auf Lob, Kritik und Anregungen, damit wir für Sie immer besser werden können.

GRÄFE UND UNZER Verlag
Leserservice
Postfach 86 03 13
81630 München
E-Mail:
leserservice@graefe-und-unzer.de

Telefon: 00800 / 72 37 33 33*
Telefax: 00800 / 50 12 05 44*
Mo–Do: 8.00–18.00 Uhr
Fr: 8.00–16.00 Uhr
(gebührenfrei in D, A, CH)*

Ihr GRÄFE UND UNZER Verlag
Der erste Ratgeberverlag – seit 1722.

Umwelthinweis

Dieses Buch wurde auf PEFC-zertifiziertem Papier aus nachhaltiger Waldwirtschaft gedruckt.

GRÄFE UND UNZER

Ein Unternehmen der
GANSKE VERLAGSGRUPPE